国家技能型紧缺人才培养培训工程系列教材

中等职业教育课程改革创新教材

第三方物流运作实务

主　编　兰　征

副主编　王炎超

参　编　周晓春　李卫薇　陈思佳

机　械　工　业　出　版　社

本书主要从第三方物流企业商务运作层面入手，在第三方物流实际业务的背景下，以第三方物流活动为主线，把培养学生的物流岗位综合职业能力和良好的思维习惯作为重要培养目标。同时，紧密结合中等职业学校学生的实际和现代物流职场的“业”态变化，在够用的知识储备的支持下，通过丰富、活泼和易操作的实训活动，使学生在实训过程中体验各种物流业务流程，提高分析和解决问题的能力。

本书可读性强，具有较好的实用性和可操作性，可作为中等职业学校物流管理专业的教学用书，也可作为工商管理、电子商务等相关专业的教材，同时还可供物流企业的员工培训和自学使用。

图书在版编目（CIP）数据

第三方物流运作实务/兰征主编．—北京：机械工业出版社，2010.12（2023.9 重印）
国家技能型紧缺人才培养培训工程系列教材．中等职业教育课程改革创新教材
ISBN 978-7-111-32509-3

Ⅰ．①第…　Ⅱ．①兰…　Ⅲ．①物流—物资管理—专业学校—教材
Ⅳ．①F252

中国版本图书馆 CIP 数据核字（2010）第 222808 号

机械工业出版社（北京市百万庄大街 22 号　邮政编码 100037）
策划编辑：聂志磊　　　　责任编辑：聂志磊
封面设计：陈　沛　　　　责任印制：郜　敏
北京富资园科技发展有限公司印刷
2023 年 9 月第 1 版第 8 次印刷
184mm×260mm・12.25 印张・278 千字
标准书号：ISBN 978-7-111-32509-3
定价：42.00 元

电话服务　　　　　　　　网络服务
客服电话：010-88361066　　机　工　官　网：www.cmpbook.com
　　　　　010-88379833　　机　工　官　博：weibo.com/cmp1952
　　　　　010-68326294　　金　书　网：www.golden-book.com
封底无防伪标均为盗版　　机工教育服务网：www.cmpedu.com

中等职业教育课程改革创新教材编审委员会

序

为落实以就业为导向、以服务为宗旨的职业教育办学方针，树立工作过程导向的课程观、行动导向的教学观、多元智能的人才观及多元评价的质量观，实现以服务社会主义现代化建设为宗旨，培养适应经济社会发展需要的，具有良好的职业道德、职业素质以及在生产、服务第一线工作的熟练的职业技能和职业能力的技能型人才的培养目标，机械工业出版社联合多所中等职业学校组织修订了这套物流专业系列教材。

本套教材力求落实物流专业培养目标与人才规格，提出了“紧紧围绕培养物流管理操作型人才这一核心，以最先进的职教理论和课程理论为指导，占领中等职业教育的制高点，紧贴物流职业领域的实际，使教材的编写经得起时间的考验”的指导思想。

本套教材编写的基本思路是：①打破学科体系，以培养职业能力、提高职业素质为核心，构建以工作过程为导向、理论与实践一体化、专业教学标准与职业资格标准相融合的职业教育课程体系。②专业基础课程以综合课程为主，专业课程（实务）以行动导向课程为主。③综合课程与职业资格取证挂钩。④加强实践、实训课程建设。⑤既能适应学历教育的需要，又能满足职业培训的需要。

本套教材的主要特点为：①以现代职业教育课程理论为指导，体现“以全面素质为基础，以就业为导向，以能力为本位，以学生为主体”的职教课程改革指导思想。②反映物流行业现实的特点和发展的需求，从职业岗位需求出发，以职业能力和技能培养为核心，既反映物流业现实的需要，又具有超前性，体现新知识、新技术、新工艺、新方法的应用。③体现学生自主学习、探究学习、合作学习和教学方法、学习方法的改革。④体现对职业能力评价等评价方式的改革。⑤体现现代职业教育教学手段，编写形式新颖多样、图文并茂、生动活泼、简洁直观，有助于学生理解。

本套教材分为综合型课程教材和行动导向型课程教材。

综合型课程教材的编写力争实现以下要求：①课程目标既要明确知识点，更要突出能力点。②课程内容主要是“是什么”和“怎么样”。③教学方式采用案例教学、情境教学和实践教学等手段，使学生在学习过程中做到动脑、动口、动手。④在教学方法上，为探究式学习、合作式学习留出充分的时间。⑤评价方式多采用开卷考试、口试、实操考核、“课业”考核、阶段考核和过程考核等考核方式。

行动导向型课程教材是本套系列教材的特色，主要体现在：①以运输、仓储、配送、采购、物流营销、物流信息管理等物流结点的主要工作流程为线索。②以上述各个工作流程中的不同操作环节所需要的能力、技能以及相关知识为蓝本。③以能力培养为主线。④以创建行动学习环境，组织学生动手操作、主动探索为教学模式。⑤以培养学生物流业务能力和综合职业素质为目标。

物流专业行动导向型课程由若干项工作任务组成，每一项工作任务都包含了对某一个工作环节操作能力的培养。本套教材为每项工作任务设置了任务描述、任务目标、情景导入、知识储备、教师演示、学生动手、举一反三和学习评价八个栏目，对课程的教学给予了明确的指导。

对于物流专业行动导向型课程的教学，建议采用以下教学模式：

模式一：基础实训模式

1）教师指导学生明确教学目标和实训要求。

2）教师指导学生明确实训的任务、方法和步骤。

3）学生准备相关材料和必备的知识（教师辅导）。

4）学生按照实训内容进行操作训练（教师辅导）。

5）学习评价。

模式二：角色实训模式

1）教师提出问题，并向学生介绍和展示问题情景，指导学生明确教学目标和实训要求。

2）按某一类型的物流企业组织结构组织学生以小组为单位分别担任不同职务（扮演不同角色），并研究角色的职责和任务。

3）角色扮演者根据角色扮演设计方案分别进行课堂现场展示，还可进行角色互换。

4）学习评价。

模式三：项目实训模式

1）教师布置学习任务，指导学生明确学习目标和实训要求，帮助学生理解任务。

2）教师提供相关参考资料，各项目小组进行调查研究、查阅资料、获取信息，作必要的知识和技能准备。

3）各项目小组合作学习，制定工作计划。

4）根据项目小组制定的计划提出各种方案，经过讨论确立本项目的最佳实施方案。

5）组织项目实施，教师作示范，学生观看；学生根据计划完成任务，教师观看、指导。

6）学生在完成项目的过程中自己检查工作过程及结果，出现问题时随时请教师或同学帮助解决。

7）学生完成项目后对成果进行展示与自我评价，同时对其他同学项目完成情况提出问题，互相交流。教师对学生在整个学习过程中的表现予以评价，对出现的问题给予纠正。

根据物流企业的现实情况，建议将行动导向型课程的操作训练方式分为两种：①手工操作，如手工填制各种单证。②结合物流信息管理系统上机操作，如在仓储信息管理系统中完成各仓储管理岗位的操作。

行动导向型课程建设需要教学管理的改革与之配套，如在教学安排上，可以在传统的“两课时一个教学单元”和“一课时一个教学单元”的基础上，采用“一天一个教学单元”和“一周一个教学单元”两种形式；又如在学习评价上，采用过程评价、能力评价的评价方式，在等级评价上，主要采用优秀、合格和不合格的等级体系。

本套教材中的许多探索还只是初步的，肯定还有许多不完善的地方，敬请同仁们多提宝贵意见。

中等职业教育课程改革创新教材编审委员会

前　言

第三方物流作为企业作业管理的协作者、物流服务的整合者以及物流外包的契约人，日趋成为现代物流的主流服务模式。在全国经济快速发展的新形势下，大力发展以第三方物流为特征的现代物流服务是推动我国经济质量升级的一条重要渠道。2009 年物流行业被列为国家十大振兴规划产业后，第三方物流的发展再一次成为瞩目的焦点。

一、本书编写的理念和目的

在当今的劳动力市场，掌握一定的物流专业技术能力已不足以满足多种用人单位对中等职业教育人才的需求。相比之下，拥有学会做人、学会共处的社会能力以及学会学习方法、学会工作方法能力的劳动者更受市场的青睐，在人才市场中更具有竞争力。本着这一人才培养的理念，本书力图在第三方物流企业主要商务活动的运行之中，贯穿对上述关键能力的培养和提高，以满足人才市场对人才的基本和持续性发展的需求。

再者，很多物流专业教材都是针对物流的某一功能要素进行理论介绍和实践操作的，很少有一本教材从第三方物流企业商务运作层面展开实训，培养学生在物流行业中的商务交流能力、商务判断能力和思维习惯。所以，本书在这一方面做了一些尝试和突破。

二、本书的特色

1. 编写的切入点——第三方物流的商务层面

本书涉及的实训内容介于企业运作的微观环境和宏观环境之间，突出了第三方物流运作的特点——外联、内应。外联即企业与客户之间主要商务活动的联系，内应即各种商务活动运作的内部支持。

2. 培养目标——以物流业务为主的商务交流能力、判断力和良好的思维习惯

本书根据当代中等职业学校学生的特点和培养目标，以第三方物流商务运作为切入点，以第三方物流的主要商务活动为依托，重点培养和提升学生的商务交往能力和判断能力，形成良好的思维方式和企业运营理念。

3. 结构合理——突出实训教材的可操作性

本书按照第三方物流企业在一定阶段中商务活动的顺序和内容，分为相互联系的九个单元。每个单元里又包含了多个任务。每个任务均由任务描述、任务目标、情景导入、知识储备、能力培养与训练和实训评价六个部分组成。

由于其中的内容较复杂，作为一本实训教材，本书考虑到学生的理解能力和接受能力，在能力培养与训练中既结合了专业知识，又结合了学生身边生活中的现象，从活动目的、活动组织、活动步骤、活动要求、考核要求等多个方面对实训活动的实施作了详细的介绍，以方便师生的使用。

三、教学方法建议

由于实训活动的组织方式大体相同，所以在教学时建议将学习小组相对固定，并使学生

以第三方物流企业的员工为角色，创造一个企业实景环境，在组织形式、学习语言等方面进行企业化管理。实训活动中，可以根据实际情况，在发挥主观能动性的前提下，充分展示小组团队的协同能力；在实景演练、角色扮演中，充分体验各种职业素养的重要性。

本书建议课时为 72 学时，具体学时分配如下：

项　目	理论课时	实训课时	课时合计
第一单元　初识第三方物流	2	2	4
第二单元　体验采购集货业务	4	4	8
第三单元　体验商务谈判	4	4	8
第四单元　初识第三方物流合同	4	4	8
第五单元　体验物流服务业务招揽	4	4	8
第六单元　体验仓储作业	4	4	8
第七单元　体验第三方物流客户服务管理	4	4	8
第八单元　认识第三方物流其他服务	5	5	10
第九单元　浅析第三方物流企业经营管理	4	4	8
机　动	1	1	2
总计课时	36	36	72

本书由兰征担任主编，并负责对全书的审核、修改和统稿工作。具体分工如下：兰征编写第一、八、九单元；王炎超编写第三、五、七单元；李卫薇编写第四单元；兰征和周晓春共同编写第二单元；兰征和陈思佳共同编写第六单元。本书的编写得到了中国物流与采购联合会物流学会特约研究员、ITC 国家采购与供应链管理项目的高级培训师、咨询师宋栋楠教授的指点和帮助，得到了武汉市财贸学校周春江校长的帮助；在编写过程中，借鉴和参考了大量的文献资料，在此对相关人士一并表示衷心的感谢。

为方便教学，本书配备助教课件。凡选用本书作为教材的教师，均可登录机械工业出版社教材服务网（http://www.cmpedu.com）或加入中职教师交流群（QQ 群号：170211876）免费下载。

由于时间仓促，加之编者水平有限，本书难免有疏漏之处，恳请各位专家和广大读者提出宝贵意见。

编　者

目　录

第一单元 初识第三方物流

了解第三方物流的基本知识是进行课程综合实训的开始，在了解第三方物流基本概况后，可以更好地逐渐深入其在商务层面上的具体和典型的业务内容。本单元将带领大家认识第三方物流概况，做好进行第三方物流商务活动之旅的准备。

任务一 感知第三方物流

任务描述

包括物流企业在内的任何一家企业，只有在知己知彼的前提下，才能在经营中立于不败之地。本任务的能力培养与训练分为三个阶段。

第一阶段——感知团队合作及企业文化对经营的影响，可以采用为公司和小组征名等活动来进行。

第二阶段——感知专业知识，可以采用小组讨论、视频辅助教学等方法进行。

第三阶段——实地考察，通过体验学习来感知第三方物流。

任务目标

技能学习目标

1．能够通过体验式学习和广泛交流，掌握第三方物流的含义及特点。

2．能够区别第三方物流企业不同的组织结构。

3．能够提高信息搜索的效率，并对信息进行有效的整理。

情感学习目标

1．在实训活动中，能通过自己的努力和创意形成“我的企业我做主”的主人翁责任感。

2．能够在体验式学习中遵守纪律，集中注意力，认真倾听和记录。

3．有表达自己观点的愿望，能提出意见和建议，能与他人合作，共同完成实训活动。

4．能够产生对第三方物流企业运作的好奇心，准备投入企业不同业务的经营体验活动中。

情景导入

作为老字号企业的冠生园集团，其生产的食品达 2 000 多个品种，企业不仅要承担上海市 3 000 多家大、小超市和门店的配送业务，还要承担北京、深圳等多个城市的商品配送运输业务。

由于产品规格、品种多，市场覆盖面大，单靠企业自己的配送能力，所需负担的运输成本不仅非常高，而且浪费也大。为此，经慎重考虑，集团将物流配送业务委托上海虹鑫物流有限公司来完成，即引入第三方物流配送。

自上海虹鑫物流有限公司接受这一委托后，产品的配送业务有了很大的提高，仅发往北京地区所用的时间，由原来 7 天缩短为 2～3 天，大大缩短了运输时间并降低了运营成本，配送模式由原来的一对多变成一对一配送服务。

这样，由于引入第三方物流公司，利用其优越的配送能力和及时、周到、保质、保量的服务，加快了商品的流通速度，也提高了企业的信誉度，使得集团的销售额有了较大增长。

思考：

1. 冠生园集团生产的产品是由集团自己配送至各门店的吗？

2. 上海虹鑫物流有限公司在完成委托任务过程中，对这些商品是否拥有所有权？

3. 你认为上海虹鑫物流有限公司与冠生园集团之间是什么关系？上海虹鑫物流有限公司起到了什么作用？

4. 第三方物流是做什么的？第三方物流公司有什么特点？

知识储备

一、第三方物流的含义及特点

我国国家标准《物流术语》（GB/T 18354—2006）对于第三方物流的表述是："由供方与需方以外的物流企业提供物流服务的业务模式。"所谓"第三方"，是相对于"第一方"供应方和"第二方"需求方而言的。提供第三方物流服务的企业称为第三方物流企业。第三方物流在社会流通中的直观反映如图 1-1 所示。

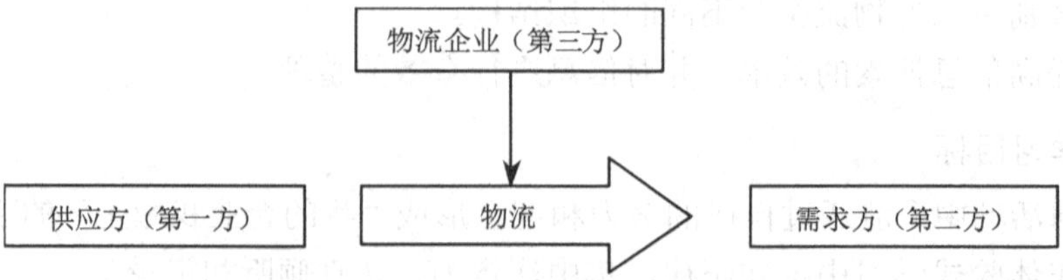

图 1-1　第三方物流的直观反映

进一步理解第三方物流，要注意体会以下几个主要特点。

1. 第三方物流企业是一个相对“独立人”

根据运作主体不同，可以将物流（Logistics）的运作模式划分为第一方物流、第二方物流和第三方物流。

第一方物流（the First Part Logistics，1PL）是由卖方、生产者或供应方组织的物流，俗称卖方物流。它们在完成生产商品和供应商品的同时，还要为此进行物流网络及设施设备的投资和管理。

第二方物流（the Second Logistics，2PL）是由买方、销售者组织的物流，俗称买方物流。它们在完成销售商品的同时，还要投资物流设备和各种设施。

第三方物流（the Third Logistics，3PL）是由第一方物流、第二方物流之外的第三方专业物流公司去完成物流服务的运作过程，其主要标志有：

1）第三方物流是由能提供现代化、系统化物流服务的专业物流企业完成的。

2）第三方物流能提供包括供应链物流、合同物流在内的全程物流服务和特定的定制化服务的物流活动。

3）第三方物流不是企业或者货主与物流商之间偶然的、一次性的物流服务活动，而是采取长期合作伙伴关系来进行的业务外包物流活动。

4）第三方物流不是向企业或者货主提供一般性的物流服务，而是提供增值服务的综合性物流活动。

可以看出，第三方物流既不负责商品的生产，又不负责商品的销售，它的主要业务是建设物流网络，投资物流设施设备，以便完成委托人委托它的物流任务。第三方物流企业既不隶属于生产方，也不隶属于销售方，它是一个相对“独立人”。

2. 第三方物流是社会化、专业化的物流服务

第三方物流是企业生产和销售之外的专业化物流组织提供的物流。第三方物流服务不是某一企业内部专享的服务。第三方物流供应商是面向社会众多企业提供专业服务的企业。

3. 第三方物流提供的是综合服务

这种综合服务有别于物流外包。物流外包是接收企业的临时委托，而第三方物流则是根据合同条款提供多功能、全方位的物流服务。如果说物流外包提供的是操作层面的浅表作业的话，那么第三方物流服务则渗透到客户的管理层面，达到了企业经营的深层作业。

4. 第三方物流是合同物流

第三方物流服务由于具有专业化和社会化的特点，并且渗透到客户企业的深层次运作，为了明确各自的责任、保护双方的权益，它与客户之间的业务建立必定是通过合同、契约方式来达成的。第三方物流是以合同为导向的系列化服务。

5. 第三方物流与客户是长期的战略合作伙伴关系

在服务内容上，第三方物流为客户提供的不仅仅是一次性的运输或配送服务，而是一种具有长期契约性质的综合物流服务。这种长期契约如同一个纽带，将第三方物流企业与其客户的长期复兴紧密地联结在一起。

二、第三方物流在供应链管理中的地位和作用

先进的现代物流离不开供应链环境。供应链管理是围绕中心企业，通过对物流、资金流和信息流的控制，通过采购、生产和销售一整套流程，把产品送到终端用户，将供应商、制造商、代理商和零售商直到最终用户连为一体的功能网链结构模式。

在供应链中，物料从供给到生产再到销售的任何一个环节，都需要第三方物流的渗入，它犹如“交通警察”，以助物流“交通”顺畅，从而提高物流效率。

> **小知识**
>
> 供应链（Supply Chain）包含了从原材料到最终用户过程中，与转移货物相关联的所有活动，如供应采购、产品设计、生产计划、物料处理、订货处理、存货管理、运输、仓储和顾客服务等。

（一）第三方物流对促进社会物流配送起着整合、统一调配和协调的作用

在对社会物流设施的充分利用上，第三方物流可以对其进行合理的资源优化配置，减少不必要的投资。

目前，我国大部分的物流企业还处于初级阶段，大而全、小而全的作坊式物流企业现状，离现代化的物流行业水平存在着很大的距离，这就需要对这些物流企业进行整合和优化，来实现社会化、现代化物流配送。

实行社会化物流中心配送后，流通与生产企业就没有必要都投入巨资建设仓库、购置设备，以及配备大批人员从事物流工作。这不仅可以有效地提高土地资源和设备利用率，而且还能降低企业生产、流通成本，对整个社会资源来说都是极大的节约。

（二）第三方物流有利于企业实现规模化经营，提高规模效益

第三方物流配送对象多、流通渠道广，可以把千家万户的流通量集散为整，按大生产流水作业线的生产方式形成规模流通，获得较多的规模效益。

1. 形成规模采购效益

当第三方物流集合了多个用户的需求，规模采购会带来价格优惠，增加企业在市场上的竞争能力。此外，实行统一采购、集中库存和集中供货后，就没有必要每个企业都设立大仓库，可以大大减少库存，进而在条件具备的情况下实现“零库存”。

2. 实行社会化混载运输，提高效益，降低费用

第三方物流配送以统一采购、集中供货进行混载运输，可以在同样的营运里程中，使运次大量减少，运量成倍增加，运费减少，同时也可避免交叉运输、重复运输等现象。

> **小知识**
>
> 社会化混载运输是一个运输容器内集多家商品，在同一个流向为社会众多客户配送商品，以提高车辆实载率的运输方式。

为了提高整个社会物流效率，第三方物流企业在供应链中就像一个勤勤恳恳工作的“仆人”，服务于供应链中不同阶段的不同客户；同时，它又如客户的“大总管”，打理着客户从采购到运输甚至到费用结算等多种业务。

三、我国第三方物流企业的分类

专业化、社会化的第三方物流企业种类繁多，在此仅从以下两个角度进行分类介绍，见表 1-1。

表 1-1　我国第三方物流企业的分类

分类标准	分类结果	经营范围
按物流服务某项功能为主要特征分类	运输型物流企业	货物运输服务
	仓储型物流企业	区域性仓储服务
	综合服务型物流企业	提供运输、仓储、货运代理和配送服务项目，提供一体化物流服务、整合物流资源解决方案、物流咨询服务
按物流企业的资本归属分类	国有物流企业	综合
	民营物流企业	综合
	中外合资物流企业	综合
	外资物流企业	综合

四、第三方物流的业务范围

第三方物流所提供的服务范围会随着市场的变化而不断发展，已增加了许多增值服务内容。美国就 51 个领先的第三方物流提供商进行调查分析后，归纳出了其主要业务范围，见表 1-2。

表 1-2　第三方物流提供的服务范围

序　号	提供服务的类型	序　号	提供服务的类型
1	● 设计和开发物流策略/系统	10	咨询服务
2	● EDI（电子数据交换）	11	库存管理
3	● 提供管理和服务水平的监测报告	12	组装、维修及包装
4	● 货物集运	13	退换货处理和维修
5	● 选择和考核承运人、货运代理、海关代理	14	进出口许可证协助和业务操作、海关通关
6	● 信息管理	15	国际通信
7	● 仓储服务	16	海外分销和采购
8	● 运费清算及支付	17	信用证审单和制单
9	● 运费谈判及费用监督		

注：带●的为最常提供和使用的服务。

从表 1-2 可以看出，第三方物流的服务范围和内容已经非常全面，可以涵盖物流活动的各个方面和环节，自成体系，在生产物流和消费物流领域都能够发挥重要的作用。在表 1-2 所列示的诸多业务范围中，目前我国第三方物流提供的服务范围还大都集中在仓储服务和运输服务上，其他的物流增值服务占的比例相对较小，我国第三方物流作业的整体效益有待进一步整合和提高。

五、第三方物流企业的组织结构

企业组织结构是指企业及其分支机构所构成的企业网络。物流企业组织结构主要有三种，即职能式组织结构、事业部式组织结构和矩阵式组织结构。

1. 职能式组织结构

职能式组织结构又名垂直式组织结构，这是企业最常见的组织结构形态，其本质是将企业的全部任务分解成分任务，并交由相应部门完成。在此结构中，纵向控制大于横向协调，总经理对董事会和股东大会负责，各部门经理对总经理负责，业务主管对其部门经理负责，一般员工对其主管负责。正式的权力和影响来自于职能部门的高层管理者。这种组织结构是一种典型的集权式管理组织结构，如图 1-2 所示。

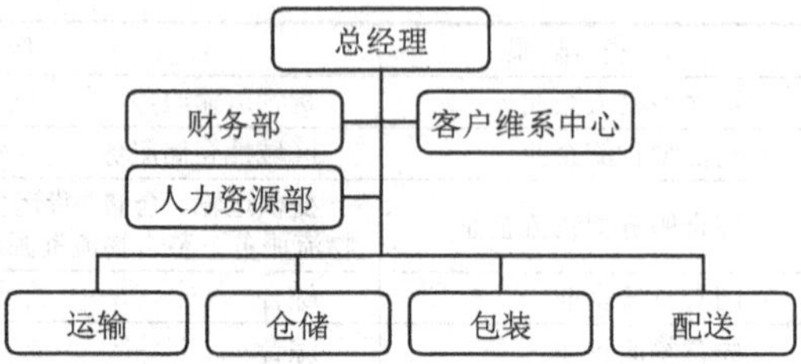

图 1-2　职能式（垂直式）组织结构示意图

职能式组织结构的核心优势是专业化分工，部门和岗位的设置是以业务种类和技术水平来划分的。这样的组织结构、部门岗位名称非常稳定，很少变动，有利于专业能力和专一技术水平的提高。另一优势表现在，鼓励职能部门的规模经济。规模经济是指组合在一起的员工可以共享一些设施和条件。

职能式组织结构的主要劣势是对外界环境变化的反应太慢，这种反应需要跨部门协调。如果环境变化快，或者所需的技术特殊，需要相互储存，则会出现纵向决策信息超载、高层决策缓慢的现象。

2. 事业部式组织结构

事业部式组织结构又名扁平式组织结构，它将各业务环节以产品、地区或客户为中心重新组合，每个事业部都具有独立的运输、仓储等职能，在事业部内部，跨职能的协调增强了。此外，因为每个单元变得更小，所以事业部式结构更能适应环境的变化，是一种分权式管理组织结构，如图 1-3 所示。

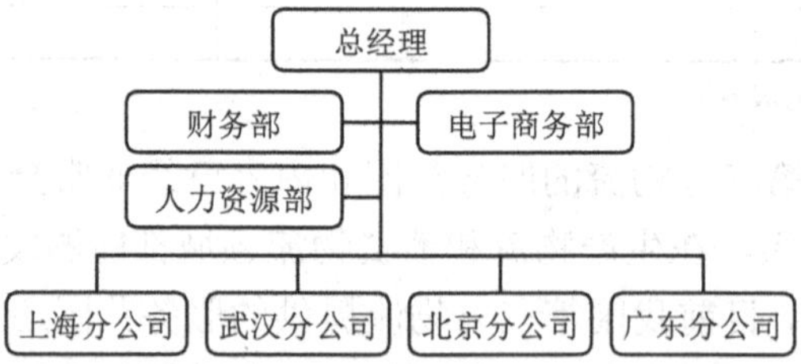

图 1-3　事业部式（扁平式）组织结构示意图

此结构中，总部与各事业部的关系因企业的不同而不同，没有一个简单的模式可以照搬，它打破了职能式组织结构对资源的划分方式，将资源重新组合。常见的组合方式有三种，即按产品或服务组合、按客户组合和按地域组合。

这种对资源的划分方式可以适应灵活多变的市场环境，使组织资源与外部环境的联系更加紧密。但一个不足之处是组织失去了规模经济，而且还要仔细考虑如何协调各事业部与总部的关系。

实施事业部式组织结构的企业应该具有一定的规模。只有当企业的管理层级过多，高层管理人员与市场的距离过大，无法及时作出正确决策时，才可以考虑将职能式组织结构调整成事业部式组织结构。另外，如果企业的客户过多，区域性或行业性分布明显，无法共享资源，也可以考虑实施事业部式组织结构。事业部式组织应保证每个事业部都可以自给自足，与总部和其他事业部没有过多的依存关系，这样事业部在决策上才有真正的主动性，不受其他环节干扰。

3. 矩阵式组织结构

矩阵式组织结构又名混合式组织结构，体现为业务、职能的垂直管理和地域的横向支持，是一种集权—分权—集权式管理组织结构，如图 1-4 所示。

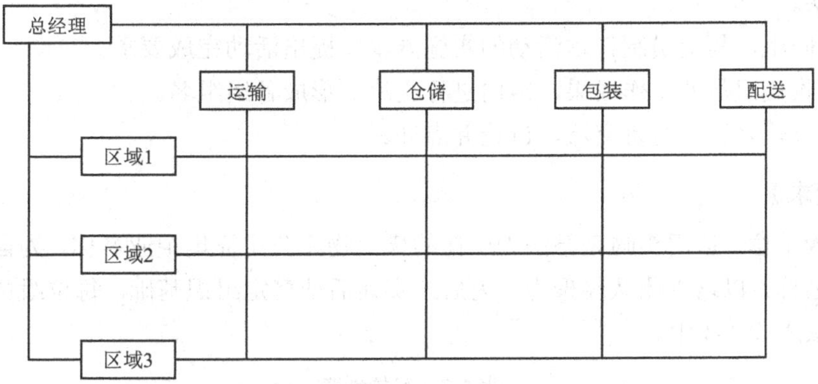

图 1-4　矩阵式（混合式）组织结构示意图

该组织结构的最大优势是公司资源集中管理，能够实现一套人马、多个法人实体的运作模式，但需要员工有较高素质，团队意识强，同时对管理水平，特别是财务管理水平要求较高。目前，世界大型物流公司大都采取总公司与分公司体制，总部采取集权式物流运作，按业务实行垂直管理。

六、第三方物流企业的 CEO

第三方物流企业的 CEO（Chief Executive Officer，即首席执行官）可以视为企业的最高管理层，他具有超凡的商界头脑和丰富的管理技巧，对企业在市场的存亡和壮大起着关键作用；他像人的大脑一样指挥着企业的运作，其一举一动都代表着物流企业运作的重大决策，是整个物流企业的灵魂。

能力培养与训练

实训活动一：组建公司，营造实训氛围

【活动目的】

给公司起名是成立公司并进行持续经营的第一步。本实训活动是从第三方物流的外围对

学生进行实训，它可以培养学生运用网络收集信息和分析信息的能力，是展示学生创造力和想象力的平台。更重要的是，通过本活动营造了一种实训氛围，企业名称出自于学生亲自所为，会使同学们很快进入“我是企业主人”的角色，产生强烈的主人翁责任感和自豪感。

【活动组织】

将班级同学分成若干小组。可以通过学生自由组合与教师协调的方式进行，以形成和谐的小组活动氛围。选出组长，带领全组成员完成本实训活动。

【活动步骤】

1．教师介绍本实训活动的内容、要求及注意事项，并召集各组组长强调活动实施过程中的工作方法。

2．组长回组，与组员制订本活动的实施方案，提出活动完成要求。

3．组长收集组员的工作成果，组内进行交流，形成各组组名。

4．选出公司名称，全班交流、讨论并点评。

【活动要求】

以小组为单位，运用头脑风暴法为所在的模拟物流公司征集企业名称，为自己所在的小组征集团队名称，以培养团队凝聚力，为后续实训活动奠定组织基础。每位组员通过思考将自己的创意填入表 1-3 中。

表 1-3　我的创意

姓　　名		所在组组长	
我为公司起的名称			
我为小组起的名称			
创作想法及名称寓意			
企业激励口号			

【考核要求】

每位组员阐述自己的创意，教师全程参与，观察组员在活动中的表现，并对需要帮助的组员给予帮助。每位组员的活动报告情况将成为该组员整体实训活动最终成绩的一部分。

实训活动二：理解第三方物流

【活动目的】

本活动一方面为检测学生对基本知识的掌握情况，另一方面为锻炼学生信息搜索、整理和发布的能力。与此同时，又达到了让学生认识第三方物流的目的。

【活动组织】

将班级同学分成若干小组。在组长的带领下，经全组成员共同学习，完成本活动。

【活动步骤】

1．教师介绍本实训活动的内容、要求及注意事项，并召集各组组长强调实训活动实施过程中的工作方法。

2．组长回组，与组员制订本实训活动的实施方案，在每位组员自己独立构建新知的基础上提出任务完成要求。

3．组长按照事先制订的活动方案召集组员，进行组内交流，形成组内统一意见。

4．各组互相交流、讨论并点评，最后达成共识。

【活动要求】

以小组为单位，在学习相关理论知识后，能够阐述第三方物流的特点。通过网上信息搜索的方式，加深对第三方物流企业的认识，并根据要求分别填写表 1-4～表 1-6。

表 1-4　对第三方物流的理解

项　目 / 主　体	企业性质		对货物的所有权		在供应链中的角色	
	物流企业	企业物流	有	无	“主人”	“仆人”
第一方物流						
第二方物流						
第三方物流						

注：在符合的项目下打“√”。

表 1-5　对第三方物流企业的网上调查

序　号	物流企业	总部所在地	服务领域	主要客户	资料来源
1					
2					
3					
4					
5					

表 1-6　第三方物流企业不同组织结构的对比

项　目	职能式组织结构	事业部式组织结构	矩阵式组织结构
优　点			
缺　点			

【考核要求】

每位组员独立思考和构建新知是组内交流的前提。各组互相讨论、交流、点评时，教师要给予发言学生正面、积极的肯定，同时要指出不足之处。教师全程参与，观察每位组员在活动中的表现，并对需要帮助的组员给予帮助。每位组员的活动报告情况将成为该组员整体实训活动最终成绩的一部分。

实训活动三：调研物流企业

【活动目的】

通过对物流企业的参观调研，使学生对第三方物流企业形成感性认识，了解公司文化对公司发展的影响以及理论知识在实际工作中的运用。通过理论学习和实践活动的结合，客观地分析第三方物流在我国的实际发展水平，找到现实与理想的差距，认识到专业发展的前景，以提高学生学习的内在动力，逐渐明确学习方向。

【活动组织】

将班级同学分成若干个小组。以组为单位，组长管理组员的参观准备情况、参观纪律表现，记录参观了解到的内容，完成本活动。

【活动步骤】

1．教师组织学生到一家物流企业参观调研。
2．以小组为单位记录参观内容，并整理调研成果。
3．全班同学对调研成果进行交流、讨论并点评。

【活动要求】

以小组为单位，实地参观考察一家物流企业，记录所了解到的企业文化（即服务理念）、物流经营领域和所属物流企业的类型等内容，填写表 1-7。

表 1-7　物流企业调研报告

报告人		所在组别		组长	
调研时间			报告完成时间		
调研报告主要内容					
序号	基本调研项目	具体调研内容			
1	调研企业名称				
2	所在地址				
3	员工人数				
4	服务理念				
5	经营领域				
6	主要客户				
7	物流企业类型				
8	设置的部门				
9	简述业务流程				
10	与先进的第三方物流相比，该企业哪些方面需要改进				
11	调研体会				

【考核要求】

在形成各组调研成果时，组员必须贡献自己的参观内容和心得，这将成为每位组员在本活动中表现的主要组成部分，并将此表现体现在整体实训活动最终成绩之中。

实训评价

被考评人			考评地点			
考评内容						
考评指标		考评标准	分值/分	自我评价/分	小组评议/分	实际得分/分
专业知识技能掌握	第三方物流的含义	掌握	10			
	第三方物流的特点	掌握	10			
	第三方物流的业务范围	掌握	10			
	课业完成情况	各项实训活动完成表现	20			
通用能力培养	出勤	按时到岗，学习准备就绪	10			
	道德自律	自觉遵守纪律，有责任心和荣誉感	15			
	学习态度	积极主动，不怕困难，勇于探索	10			
	团队分工合作	能融入集体，愿意接受任务并积极完成	15			
合计			100			
考评辅助项目					备注	
本组之星					两项考评辅助项目是为了激发学生的学习积极性	
组间互评						

注：1．实际得分=自我评价 40%+小组评议 60%。

2．考评满分为 100 分，59 分及以下为不及格；60～74 分为及格；75～84 分为良好；85 分及以上为优秀。

3．“本组之星”可以是本次实训活动中突出贡献者，也可以是进步最大者，同样可以是其他某一方面表现突出者。

4．“组间互评”是由评审团讨论后为各组给予的最终评价。评审团由各组组长组成。当各组完成实训活动后，各组组长先组织本组内部进行商议，然后各组组长将意见带至评审团，评价各组整体工作情况，将各组互评分数填入其中。

任务二

感知第三方物流业务运作流程

任务描述

“知己”的一个重要方面是了解物流企业的业务形成和运作流程。从整体上了解公司业务从招揽到运作的整个过程，才会清楚自己所从事的事务处于公司业务的哪个阶段，才会做到“心中有数”，也才会清楚自己工作的重要性，从而正确对待自己的价值所在。

不同类型的第三方物流企业会有不同的业务内容和具体运作方式。要让企业在市场上具有竞争优势，就要学会判断企业的业务运作模式，从运作模式上区别不同物流企业，找到各自的业务优势，并针对其服务对象发挥优势，使业务做实、做精、做强。

本任务是对后续各项实训任务设置的纲领性活动。第三方物流的业务开发过程和业务流程是实训所要反映的第三方物流的商务性特点的重要依据。

本任务中的实训活动可以采取案例分析、信息搜索、调查走访和对比分析等多种方法进行。

任务目标

➲ 技能学习目标

1. 能够进行有效的信息搜索。

2. 能够对收集到的信息进行整理、分析，并得出结论。

3. 能够描述第三方物流业务开发流程。

4. 能够根据搜索到的案例信息，区别主要的物流运作模式。

5. 能够描述第三方物流企业业务运作流程。

➲ 情感学习目标

1. 能认真倾听教师下达的任务。

2. 在教师的指导下完成任务，有表达自己观点的愿望，能提出意见和建议，能与他人合作。

3. 有深入研究问题的愿望，可以愉快地和学习伙伴打交道。

情景导入

中国外运集团（以下简称中外运）历经了计划经济封闭阶段、进入市场阶段及集团发展战略转型阶段，目前已成为我国国际货运代理业的代表性企业。中外运的经营理念是："我们今天和未来所做的一切，都是以降低客户的成本为目标，为客户提供安全、准确、节省、方便、满意的物流服务。"其内涵是：要求每一名中外运员工必须要牢固地树立起"以客户为中心"的物流服务精神，明确以"降低客户的成本"为根本的物流服务目标，建立以"伙伴式、双赢策略"为准则的物流服务模式，最终实现中外运以"服务社会、服务国家"为价值取向的企业物流服务宗旨。

思考：

1. 中外运在我国经济改革的浪潮中何以成长为行业内的领军企业？

2. 其经营理念是如何通过企业日常的业务运作得以体现的？

知识储备

一、第三方物流运作模式

客户的服务需求和第三方物流企业自身能提供的服务范围决定了第三方物流企业的运作模式。也就是说，物流企业要以什么方式服务客户，凭借什么在众多的物流企业竞争中找到自己的市场，以区别于其他同类企业，并将企业做强做大。

第三方物流企业的运作模式有很多种，其目的就是企业为了从某个方面运作以区别于其他企业，更好、更多地占领市场份额。

在此，将重点介绍以下几种模式。

1. 综合物流模式

综合物流模式是第三方物流企业拥有大量的固定资产和商业资源，为少数行业提供高集成度的服务。国际上许多著名的物流公司都采用这种运作模式，国内一些大型物流企业也开始提供这种服务。例如，某物流公司为美能达等公司提供全球采购与生产配送服务，它们将运输、储存、报关、精确配送、信息服务和资金结算等多项职能整合在一起，使世界各地的物料在到港后24h内即可通过配送中心送达到位于不同地区的生产线上，以保证其在零库存状态下进行正常生产。

2. 功能物流模式

功能物流模式是第三方物流企业使用自有资产为多个行业的客户提供低集成度的物流服务。这类第三方物流企业对客户提供的服务比较单一，多是提供运输、仓储服务，一般不涉及物流的整合与管理等较高层的服务。

功能物流模式是目前我国第三方物流企业运作的一种主要模式。以传统运输、仓储为基础的大中型企业，以及一些新兴的民营物流公司，都属于这种模式。如今，这类企业纷纷在传统业务的基础上拓展更全面的综合物流功能，如提供一些增值服务和物流过程管理等，但其物流服务的集成度还不是很高。

3. 功能代理模式

功能代理模式与功能物流模式一样，也是为多个行业的客户提供低集成度的物流服务，只不过是通过委托他人操作来提供服务，自身不进行固定资产的投资。这类企业一般由原来的货运代理企业经过业务拓展转变而来，客户分布比较广泛，服务层次相对较浅，它们扮演着物流服务的总承包商角色，当取得服务提供权后就将其进行二次外包。这类物流运作模式需要企业寻找不同的合作伙伴，共同完成物流服务内容。

4. 全方位物流与供应链管理模式

全方位物流与供应链管理模式又称“一站式”物流服务，即从仓储、运输到配送，从库存管理、电子商务解决方案到全面物流支持的全方位服务。能采用这种运作模式的物流企业，需要有强大的资金、技术和人才作为支撑以及高效的管理做后盾。

下面列举一些著名的第三方物流企业采取的运作模式，见表1-8。

表1-8 第三方物流企业运作模式一览表

企业名称	服务理念	经营领域	主要客户	运作模式
中外运	安全、迅速、准确、节省、方便、满意	仓储、订仓、加工、运输	摩托罗拉	一票到底、咨询式销售
中远物流	以客户为中心	运输、报关、装箱	钢铁、汽车、通信、计算机制造商	一站式服务

（续）

企业名称	服务理念	经营领域	主要客户	运作模式
中海物流	文化、价值、管理、个性、客户	配送、物流、电子商务	IBM、富士通、华为、联想	横向四流合一，纵向多对一、多对多
中储物流	优质、高效、便捷、周到	国际货代、地区配送	海尔、长虹、康佳、钢铁企业	综合物流代理
UPS	重视为客户提供咨询服务	整合第三方物流（快递业务）		物流电子商务
沃尔玛	以客户为中心	连锁配送	连锁店	B2C
华运通物流	力求与客户结成盟友	分拨配送	吉百利、飞利浦、方正、清华同方	物流总代理

二、第三方物流业务开发流程

第三方物流业务开发的流程如图 1-5 所示。

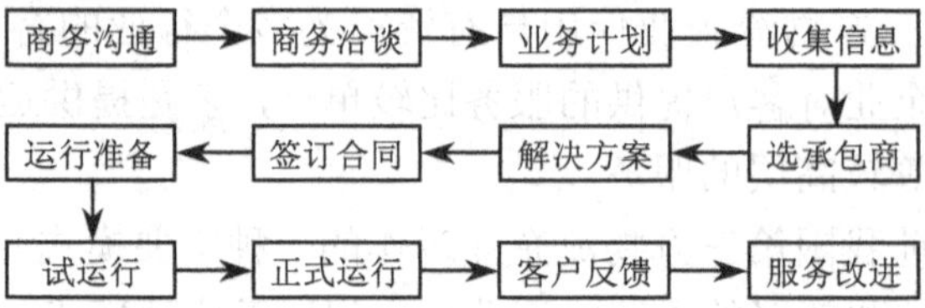

图 1-5　第三方物流业务开发流程

1. 商务沟通

商务沟通是企业与潜在客户联系，获得商业机会的前提。通常以企业主动沟通为主，同时也有客户主动的情况。具体方式有面谈、打电话以及发送传真、信件、电子邮件、快件、网络对话或视频等商务活动，但进行商务洽谈的代表应注意沟通的语言、时间和频率等一系列商务活动礼仪。

2. 商务洽谈

1）时间、地点和人员选择。时间、地点和人员的选择应体现出对客户的尊重。

2）准备必需的文件。向客户提供企业相关资料，针对性地展示企业的优势和能力。

3）记录和观察。记录谈话内容，分析客户心理和需求，并通过认真观察了解客户的真实动机。

4）语言和行为。语言和行为要规范、礼貌、有涵养，给客户留下良好的印象。

3. 业务计划

通过洽谈，客户表示愿意接受企业提供的物流服务时，企业商务代表应当及时向客户提供一个初步的物流业务计划书。计划书的主要内容包括公司简介、物流资源、技术备件、客户资源、业务设想、其他资料和费用方案等。

4. 收集信息

物流企业应当掌握足够的服务代理商或承包商的资源信息和商务信息，建立强大的物流资源数据库并随时更新，以满足各类客户的需求，同时也必须收集竞争对手的相关信息，以在竞争中取得主动权。

5. 选承包商

物流企业根据收集的物流资源信息确定承包商的备选方案，每个单项必须选择两个以上的承包商作为备选。

6. 解决方案

在客户对业务计划书的内容表示认可的条件下，物流企业应当就服务的内容向客户提供更加详尽的报告（也称为解决方案），其内容应包括业务流程、作业规则、网络建立、费用方案、成本分析和信息管理等主要方面。

7. 签订合同

物流合同一般包括客户合同、代理商或承包商合同。合同签订的一般步骤如下：

1）由业务部门草拟合同的主要内容。

2）由法律部门或法律顾问审核。

3）签订合同条款及补充相关协议条款。

4）正式签约。

5）合同公正（必要时）。

8. 运行准备

物流企业应在正式运行前对客户和承包商进行实地考察和确认，按照合同的业务范围和条款，拟订详细的计划方案，合理安排人员和设备，并编写好商务运作进度方案。

9. 试运行

试运行是物流企业根据商务合同的要求和运作方案，在合同执行前期进行小批量的物流运作，主要起到企业与物流客户紧密合作的梳理作用，能及时反馈物流服务各环节上的问题，针对所出现的问题对计划方案进行调整，为后期的物流运作打下基础。

10. 正式运行

正式运行是在试运行的修正指导下大批量的物流运作，是企业规模化、正规化和程序化的物流运作。

11. 客户反馈

客户反馈包括记录客户日常反馈、通过打电话的方式征求客户意见、登门拜访、会议交流及网络互动平台等反馈方式。

12. 服务改进

服务改进包括优化业务流程、改善作业规则、优化网络结构、选择优质承包商和改进技术装备等工作内容。

三、第三方物流企业业务运作流程

1. 第三方物流企业配备的部分主要职能部门

一般来说，第三方物流企业配备的主要职能部门有市场部、运营部、财务部、信息技术部、资源成本部和客户服务部等。

物流业务的开发、取得和实施主要是依靠这些职能部门的通力协作来完成的，同时也需要得到其他职能部门的管理协调和人员支持。值得一提的是，分布在不同地区的各区域分销中心是物流运作的具体执行者，也就是整个运作系统的神经末端，它关系到物流大脑系统的健康程度，是企业生存的源泉。

2. 第三方物流企业业务具体运作流程

1）公司市场部与客户谈判成功后签署物流服务合同。在合同签订后，由市场部牵头，运营部、财务部、信息技术部和客户服务部等相关部门共同参与，编制详细的物流运作方案、物流服务承诺，制订工作计划。

2）公司CEO根据市场部在谈判过程中对客户的承诺，按物流运作方案、物流服务承诺和工作计划分别向运营部下达为该客户的运作指令，向财务部下达运作结算指令，向信息技术部下达客户系统需求报告指令，向资源成本部下达运作资源和成本的控制指令，向客户服务部下达物流服务反馈指令，向其他职能部门下达通力配合指令。

3）信息技术部根据CEO下达的客户系统需求报告指令，在客户提供的专门IP地址上开通系统接口，设置系统登录口令和密码，并向客户提交系统合作说明书。

4）财务部门根据CEO下达的结算指令，制订与客户衔接的收费目录、收费时间和收费标准计算方法，并按照物流服务合同的相应规定向客户收取物流运作服务费。由于这部分费用在大多情况下已经由合同约定，财务部的工作更多的是对此予以审核，并参照资源成本控制指标进行核算。

5）运营部根据CEO下达的运作指令，根据合同规定的物流服务范围和服务方式制订详细的操作手册，并将操作手册下发各具体执行操作的区域分销中心实施，同时抄送资源成本部和客户服务部。

6）资源成本部根据CEO下达的控制指令，根据客户情况和运营部的运作需要，对运作的资源（如承运商、仓储业主和包装商等）及运作成本进行适当控制。

资源成本部应督促运营部在一定时间内，将运作结果的原始单据交回财务部；经财务部审查后，公司向各供应商支付设备使用费或其他物流服务费用。

7）各区域分销中心统一接受运营部的运作指令，按照操作手册的规定完成所属区域的物流操作服务。

8）其他各相关职能部门围绕业务工作需要，分别提供运作所需的后勤支持。例如，人力资源部提供的相关管理人员和现场操作人员，行政部提供办公设施和后勤辅助服务等。

能力培养与训练

实训活动一：分析第三方物流运作模式案例

【活动目的】

本活动借助网上信息搜索工具，广泛了解不同种类的第三方物流企业概貌，一方面可以扩展学生对第三方物流运作模式的了解，另一方面也可以锻炼和培养学生对有关物流专业知识以外的信息收集、整理和分析能力。

【活动组织】

本实训活动的地点可选择在多媒体网络教室，以便于相关信息的搜索。将班级分成若干个小组，由教师分配各组的调查对象。在组长的带领下，全组成员共同学习，完成本活动。

【活动步骤】

1．教师介绍本实训活动的内容、要求及注意事项，将中国物流公司、宝供物流、联邦快递、TNT 快递及当地某一家物流企业等被调查分析的物流企业分配到各组调查，并召集各组组长强调实训活动实施过程中的工作方法。

2．组长回组，与组员制订本实训活动的实施方案，在每位组员自己独立构建新知的基础上提出任务完成要求。

3．组长按照事先制订的活动方案召集组员，进行组内交流，形成组内统一意见。

4．各组互相交流、讨论并点评，最后达成共识。

【活动要求】

以小组为单位，共同调查分析下面给出的其中一家物流企业，通过网络信息搜索的方式，将所调查企业的企业标志、经营领域、主要客户、运作模式和资料来源等信息填入表 1-9 中，并且将搜集、调查与企业相关的运作案例资料填入表 1-10 中。

表 1-9　第三方物流运作模式

序　号	企业名称	企业标志	经营领域	主要客户	运作模式	资料来源
1	中国物流公司					
2	宝供物流					
3	联邦快递					
4	TNT 快递					
5	当地某一家物流企业					

表 1-10　第三方物流运作经营案例

企业名称	案例简介	资料来源
中国物流公司		
宝供物流		
联邦快递		

【考核要求】

组长分配任务应明确到人，以便提高小组的活动效率，协调、帮助组员克服遇到的困难。教师全程参与，观察每位组员在活动中的表现，并对需要帮助的组员给予帮助，督促组内讨论时需要作必要的文字记录。每位组员的活动报告情况将成为该组员整体实训活动最终成绩的一部分。

实训活动二：解读第三方物流业务流程

【活动目的】

本实训活动是对相关专业理论知识的运用，通过简单的图表填写，把繁琐的业务流转关系直观化、简单化，培养学生的知识构建方法。

【活动组织】

将班级同学分成若干小组。在组长的带领下，全组成员共同学习，完成本活动。

【活动步骤】

1．教师介绍本实训活动的内容、要求及注意事项，并召集各组组长强调实训活动实施过程中的工作方法。

2．组长回组，与组员制订本实训活动的实施方案，在每位组员自己独立构建新知的基础上提出任务完成要求。

3．组长按照事先制订的活动方案召集组员，进行组内交流，形成组内统一意见。

4．各组互相交流、讨论并点评，最后达成共识。

【活动要求】

以小组为单位，在学习相关理论知识后，能够列举物流企业业务流程中所涉及的职能部门及其相互间的业务流转关系。将图 1-6 中各职能部门之间的业务关系用线、箭头等方式予以标明，并注明各部门之间传递的内容。

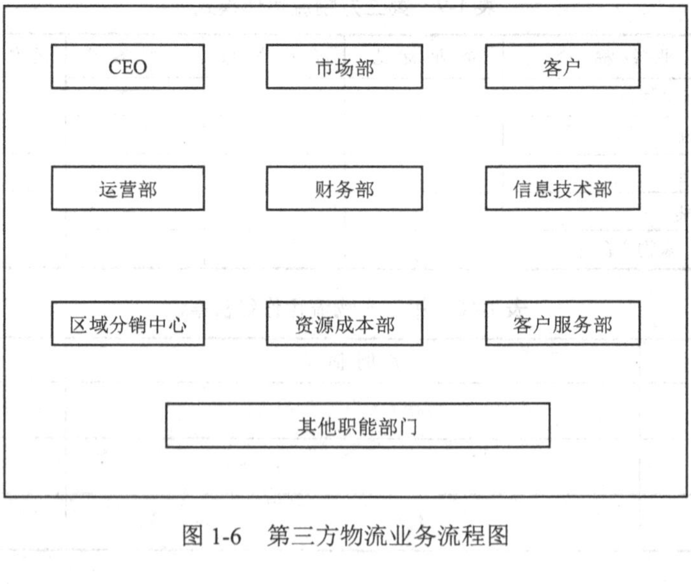

图 1-6　第三方物流业务流程图

【考核要求】

每位组员独立思考和构建新知是组内交流的前提，各组互相交流点评时，教师要给予发言学生正面、积极的肯定，同时要指出不足之处。教师全程参与，观察每位组员在活动中的表现，并对需要帮助的组员给予帮助。每位组员的活动报告情况将成为该组员整体实训活动最终成绩的一部分。

实训评价

<table>
<tr><td colspan="2">被考评人</td><td> </td><td colspan="2">考评地点</td><td colspan="2"> </td></tr>
<tr><td colspan="2">考评内容</td><td colspan="5"> </td></tr>
<tr><td colspan="2">考评指标</td><td>考评标准</td><td>分值/分</td><td>自我评价/分</td><td>小组评议/分</td><td>实际得分/分</td></tr>
<tr><td rowspan="4">专业知识技能掌握</td><td>第三方物流运作模式</td><td>掌握</td><td>10</td><td></td><td></td><td></td></tr>
<tr><td>第三方物流业务开发流程</td><td>掌握</td><td>10</td><td></td><td></td><td></td></tr>
<tr><td>第三方物流业务运作过程</td><td>掌握</td><td>10</td><td></td><td></td><td></td></tr>
<tr><td>课业完成情况</td><td>各项实训活动完成表现</td><td>20</td><td></td><td></td><td></td></tr>
<tr><td rowspan="4">通用能力培养</td><td>出勤</td><td>按时到岗，学习准备就绪</td><td>10</td><td></td><td></td><td></td></tr>
<tr><td>道德自律</td><td>自觉遵守纪律，有责任心和荣誉感</td><td>15</td><td></td><td></td><td></td></tr>
<tr><td>学习态度</td><td>积极主动，不怕困难，勇于探索</td><td>10</td><td></td><td></td><td></td></tr>
<tr><td>团队分工合作</td><td>能融入集体，愿意接受任务并积极完成</td><td>15</td><td></td><td></td><td></td></tr>
<tr><td colspan="3">合　计</td><td>100</td><td></td><td></td><td></td></tr>
<tr><td colspan="5">考评辅助项目</td><td colspan="2">备　注</td></tr>
<tr><td colspan="3">本组之星</td><td colspan="2"></td><td colspan="2" rowspan="2">两项考评辅助项目是为了激发学生的学习积极性</td></tr>
<tr><td colspan="3">组间互评</td><td colspan="2"></td></tr>
</table>

注：1．实际得分=自我评价 40%+小组评议 60%。

2．考评满分为 100 分，59 分及以下为不及格；60～74 分为及格；75～84 分为良好；85 分及以上为优秀。

3．“本组之星”可以是本次实训活动中突出贡献者，也可以是进步最大者，同样可以是其他某一方面表现突出者。

4．“组间互评”是由评审团讨论后为各组给予的最终评价。评审团由各组组长组成。当各组完成实训活动后，各组组长先组织本组内部进行商议，然后各组组长将意见带至评审团，评价各组整体工作情况，将各组互评分数填入其中。

第二单元　体验采购集货业务 2

第三方物流企业介入企业的生产领域，不仅仅体现在对企业的库存进行管理，以最大程度达到“零库存”的目标，而且在采购环节同样扮演着愈来愈重要的角色。无论其服务对象是生产企业还是流通企业，采购集货业务已成为第三方物流企业的重要业务之一。此业务中，在采购方与供应方形成长期合作关系的前提下，第三方物流企业按照与服务对象达成合同上约定的要求，在采购企业的统一安排下完成相应的采购业务。

本单元将带领大家体验第三方物流采购的简单业务流程，从中体会物流介入采购领域的服务内容。

任务一　综观第三方物流采购业务

任务描述

当企业的原材料成本降到极限时，当每个企业都在重视如何降低各自的物流成本时，采购环节成为了企业不容忽视的“第四利润源泉”。采购，就是采购竞争力。从供应链上看，采购环节是吸引顾客的卖点和分散需求的聚集点，具有巨大的顾客价值空间。第三方物流在供应链中作为其他节点的服务者，正在将采购业务纳入到物流服务的范围之中。这是第三方物流服务深化的体现，同时也是企业提高竞争力的又一种选择。

本任务的目的是在总体上对第三方物流采购业务有一个全局性的认识，使学生在整个供应链中全方位审视第三方物流的作用。在教学过程中，可以围绕一个实际案例为中心，就第三方物流采购的含义及实施由浅入深地进行学习、体验和分析。

任务目标

➲ 技能学习目标

1．能够区别企业内部采购与第三方物流采购的不同之处。
2．能够列举出第三方物流采购的优势。

3．能够列举出第三方物流采购的劣势。

➲ 情感学习目标

1．有表达自己观点的愿望，能提出意见和建议，能与他人合作，共同完成实训活动。

2．能够产生对第三方物流采购业务的好奇心，准备投入企业不同业务的经营体验活动中。

情景导入

国美电器的价格优势

国美以大规模集团采购来降低采购成本，增强采购能力，支撑销售，保障利润。在采购上，国美采取了统一采购和招标采购等先进的采购模式。统一采购可以凭借巨额的采购量来压低进货价格。国美的每家连锁店每天都要将存货、销售、补货等情况上报各分部，各分部再汇总上报总部，总部负责确定总的补货计划。采购的高度集中增加了国美的价格优势，同时也使国美增加了和厂家谈判的筹码。厂家不但提供给国美较低的供货价格，而且也能够及时供货。此外，国美还依靠自己雄厚的资金实力，通过互联网和组织招标会议的方式，向生产厂家抛出巨额采购订单，产品涉及彩电、视盘机系列等。国美通过招标采购，不仅可以进一步压低价格，而且还可以增加国美对新品、新厂的接触，提高了社会美誉度。

思考：

1．国美的产品价格优势从何而来？

2．一次性采购数量与采购价格有什么关系？

3．国美的采购方式能够给你带来什么启示？

知识储备

一、第三方物流采购的含义

第三方物流采购是指供方和需方为专注于其竞争优势，将产品和服务的采购外包给第三方公司的采购方式。国外的经验表明，与企业自己进行采购相比，第三方物流采购往往可以提供更多的价值和购买经验，可以帮助企业集中精力专注于核心竞争力。

第三方物流既然在供应链中处于众多供应商和顾客的服务者的角色，那么它也会随着经济的发展和社会分工的细化，将其服务范围扩展到客户供应链的核心部分——采购领域。

资料卡

第三方采购服务（Third Party Purchase，TPP）的基本概念源于管理学的外包，即企业将非核心资源外包，从而专注自身的竞争优势。例如，美国地方政府采购联盟就是一家第三方采购组织，有7 000多家政府企业加入了这个采购组织，直接采购成本降低了15%以上。

在整个供应链中，第三方物流企业可以将第三方采购服务作为公司的战略发展方向之一，以物流服务为依靠，以第三方采购服务及相关增值服务为支点，建立专业性或综合性的第三方采购平台，综合物流、贸易和采购职能，建立企业竞争优势，从而在激烈的市场竞争中脱颖而出。

二、第三方物流采购业务的服务对象

第三方物流企业提供的采购服务，其服务对象可以是制造企业、商业企业和其他的事业单位。

第三方物流企业可以深入到制造企业的生产物流领域，根据客户企业的采购需求，利用其广泛的信息源，协助客户企业完成采购业务。对于商业企业的采购，第三方物流可以集不同商业企业的采购需求进行集中采购，形成采购规模，与供应商谈判，降低采购价格，减少进货成本。对于事业单位的采购，第三方物流企业可以借助专业化的服务，为客户解决其面临的非专业性问题。

三、第三方物流采购的国际纵览

第三方采购服务在欧美等国家已有发展，在美国和欧洲的一些发达国家，企业同第三方物流公司已结成了较为紧密的合作关系，相当多的物流公司介入了企业的生产和物料采购等业务环节。

例如，Ryder 物流公司同惠而浦公司签订的周期为 5 年的物流服务合同，服务内容涵盖了采购物流、生产物流的模式设计和运作管理，目的是减少物流成本、改进信息管理以及优化生产所需物料的备货时间等。又如，通用汽车公司为了有效地管理采购供应以及生产物料的及时备货，而与潘斯科物流公司签订了采购物流和生产物流的外包协议。

四、我国第三方物流采购现状

1. 第三方物流服务供过于求

第三方物流顾客多为制造业、批发业和零售业，而我国制造企业繁多，但是大型制造企业屈指可数。我国流通业更是以独立小店和集市贸易为主，大型连锁企业寥寥无几。因此，顾客需求分散和规模小是物流企业面临的共同问题。

此外，部分顾客有自己的企业物流，对专业化、社会化的第三方物流服务的需求量明显不足。同时，第三方物流成本下降不显著，不能提供具有价值差别的服务。这些因素导致第三方物流服务供过于求。

2. 我国市场潜力巨大

一个国家的第三方物流发展水平代表着本国物流的发展进程。在 20 世纪 90 年代中期，第三方物流伴随着现代物流的理念传入我国，并在我国巨大的物流市场中迅速崛起，但毕竟尚处于发展初期。第三方物流企业提供的功能单一，增值服务薄弱。物流企业收益的 85%来自基础性服务，如运输管理（占 53%）和仓储管理（占 32%）；增值服务、物流信息服务与支持物流的财务服务的收益只占 15%（资料来源：美智（Mercer）管理顾问公司与中国物流与采购联合会的合作报告《第三方物流市场调查报告》)。

根据我国仓储协会的调查，在工业企业中82%的原材料物流由企业自己和供应方承担，商业企业比例更高，两者相加达到94.1%。

目前，我国国内的少数具备管理实力的物流公司，已经开始尝试将第三方物流服务深入到生产企业的生产物流管理环节，以期开辟出一个更为广阔的第三方物流服务市场，给客户提供更多的附加值。但总体而言，第三方采购服务无论是从理论上还是在实践上，都尚处于发展阶段。

3. 认清形势，客观剖析

虽然我国第三方物流市场巨大，但一个不容忽视的现实是第三方物流企业整体发展水平偏低，服务重点多集中在对物流网络的培育上，主要体现在“建仓储、整运输”层面，业务多集中在销售物流方面。而真正能够介入企业的全面供应链管理，尤其是生产物流管理的第三方物流公司，在我国还是凤毛麟角。分析其原因，有以下三点：

第一，由于涉及企业的核心商业机密，很多企业，特别是国内的企业还不习惯于将生产物流和采购物流外包出去。

第二，国内多数第三方物流企业的业务发展都局限于简单的仓储和运输管理，缺乏对整个供应链管理的理解和实际操作经验，尤其缺乏经验丰富的从事跨国公司供应链管理的人才。

第三，多数第三方物流企业在同客户结成长期合作伙伴时投入了相当多的资金，以完善专用仓储设施和信息系统，但缺乏前瞻性和果断性，造成后期业务拓展和扩容的诸多困难。

五、第三方物流采购的优势

第三方物流企业介入其客户的采购领域，是物流企业可拓展的另一个服务领域，对于客户而言也有诸多的优势。

1. 规模化集中采购，获得优惠价格

集中采购优势是第三方采购平台的核心优势之一。通常，客户自办物流采购时由于采购批量小、客户单一，因此价格不可能有多少优惠。第三方物流采购是以集零为整、批量大且以客户群为单位的采购模式，在价格上享受着特权优惠，使商品售价大幅降低，增加了企业市场竞争力，不仅使消费者满意，也使企业获得可观的利润，同时降低了客户的管理费用。由于第三方物流集中采购的出现，避免或减少了客户采购人员满天飞、商业回扣等不良现象的发生，可降低客户管理费用50%左右。而且由于第三方物流与供应商建立了稳定的供应关系，能够保证产品质量，杜绝假冒伪劣产品。

2. 优化供应链，争取“零库存”

作为集中采购主体方的第三方物流企业，通过协调和调配各客户之间的需求和库存，可以进一步协助客户增强采购反应能力，使企业减少不必要的库存，最大限度地实现“零库存”。

3. 信息广泛，突显服务优势

物流服务优势是第三方物流企业的先天优势。第三方物流企业掌握整个物流流程，通晓国家的保税及进出口等政策，在提供基本物流服务的同时，还可以为客户提供增值服务。这些服务包括设计物流系统、EDI能力、报表管理、货物集运、选择承运人、货代人、海关代理、信息管理、仓储、咨询、运费支付、运费谈判、保税货物管理等。

4. 了解国际贸易、综合物流和贸易

物流本身就属于贸易的一部分，第三方物流企业能掌握国际贸易的基本规则和惯例，能了解当代国际贸易的发展现状，能熟悉通行的国际贸易规则、惯例以及我国对外贸易的政策法规，同时具备开展采购所必备的贸易基本技能。

六、第三方物流采购的劣势

虽然第三方物流采购的优势显著，但是在推进这一业务时遇到了重重阻碍，主要表现在以下两个方面。

1. 商业秘密的公开程度

一项成功的采购活动需要采购方多部门的通力合作，其中会涉及生产车间、财务部门和企业决策等部门的相互配合。首先，要明确采购需求，这需要熟悉生产流程，在生产第一线寻求采购的数据；其次，采购预估价格要由企业决策部门和财务部门最终决定。而这些商业信息对于多数制造企业而言，是其重要的商业秘密。制造企业不愿让第三方物流企业过多、深入地了解本企业的信息，使第三方物流企业很难真正走进制造企业，在无法获取详细采购必要信息的前提下，很难开展采购工作。

怎样的商业秘密公开程度能被制造企业所接受？这在竞争激烈的当前社会中，成为第三方物流采购面临的两难选择。

2. 已有市场的一贯性和业务关系的继承性

制造企业的产品多为专业化产品，产品所需的原材料和零部件非常专业和唯一。在一些制造企业集团下建立了自己的零部件生产厂，用以供应集团内部的产品生产。

一些国际企业在中国建立分公司，为了使全球产品质量达到一致，生产时所需的零部件也需要专门从国外进口。而这些供应商是外资企业从海外带入本土的，对于一般的第三方物流企业来说，寻找到这种供应商的几率很小。这样的供应市场可谓“关联性交易”，这种供应商又如“家族传承”。

能力培养与训练

实训活动一：认识第三方物流采购的特点

【活动目的】

通过对比分析的方式，区别企业内部采购和第三方物流采购的不同，重点掌握第三方物流采购的特点。

【活动组织】

将班级同学分成若干小组。在组长的带领下，全组成员共同学习，完成本活动。

【活动步骤】

1．教师介绍本实训活动的内容、要求及注意事项，并召集各组组长强调活动实施过程中的工作方法。

2．组长回组，与组员制订本实训活动的实施方案，提出实训活动完成要求。

3．组长收集组员的工作成果，组内进行交流。

4．全班交流、讨论和点评。

【活动要求】

以小组为单位，在学习相关理论知识后，能够对比分析出在两种不同采购主体下采购活动的区别，加深对第三方物流采购的认识，将分析结果填入表 2-1 中。

表 2-1　两种采购方式的对比

采购方式 / 对比项目	企业内部采购	第三方物流采购
采购主体		
专业化特点		
所需成本		
优势		
劣势		

【考核要求】

每位组员独立思考和构建新知是组内交流的前提。各组互相交流点评时，教师要给予发言学生正面、积极的肯定，同时要指出不足之处。教师全程参与，观察各位组员在活动中的表现，并对需要帮助的组员给予帮助。每位组员的活动报告情况将成为该组员整体实训活动最终成绩的一部分。

实训活动二：列举第三方物流采购活动

【活动目的】

第三方物流采购不仅限服务于制造企业、商业企业，其服务范围同样可以延伸到其他事业单位、规模较小的企事业单位。为了清楚地认识第三方物流采购业务，可以让学生列举出所知道的第三方物流采购活动。

【活动组织】

将班级同学分成若干小组。在组长的带领下，全组成员共同学习，完成本活动。

【活动步骤】

1．教师介绍本实训活动的内容、要求及注意事项，并召集各组组长强调活动实施过程中的工作方法。

2．组长回组，与组员制订本实训活动的实施方案，提出实训活动完成要求。

3．组长收集组员的工作成果，组内进行交流。

4．组间交流、讨论成果。

【活动要求】

为了解决针对知识点理解的不确定性和质疑，请同学们将第三方物流采购业务可能涉及的行业、企事业单位及业务内容填入表 2-2 中，由同学们一起思考和分析，并辨认、说明所举例子是否为第三方物流采购业务，以加深对第三方物流采购的理解和掌握。

表 2-2　列举第三方物流采购业务

第三方物流采购涉及的行业	具体业务内容概貌	是否为第三方物流采购业务

【考核要求】

每位组员独立思考和构建新知是组内交流的前提。各组互相交流点评时，教师要给予发言学生正面、积极的肯定，同时要指出不足之处。教师全程参与，观察每位组员在活动中的表现，并对需要帮助的组员给予帮助。每位组员的活动报告情况将成为该组员整体实训活动最终成绩的一部分。

实训评价

<table>
<tr><td colspan="2">被考评人</td><td></td><td colspan="2">考评地点</td><td colspan="2"></td></tr>
<tr><td colspan="2">考评内容</td><td colspan="5"></td></tr>
<tr><td colspan="2">考评指标</td><td>考评标准</td><td>分值/分</td><td>自我评价/分</td><td>小组评议/分</td><td>实际得分/分</td></tr>
<tr><td rowspan="3">专业知识技能掌握</td><td>第三方物流采购的含义</td><td>掌握</td><td>15</td><td></td><td></td><td></td></tr>
<tr><td>第三方物流采购的现状</td><td>掌握</td><td>15</td><td></td><td></td><td></td></tr>
<tr><td>课业完成情况</td><td>各项实训活动完成表现</td><td>20</td><td></td><td></td><td></td></tr>
<tr><td rowspan="4">通用能力培养</td><td>出勤</td><td>按时到岗，学习准备就绪</td><td>10</td><td></td><td></td><td></td></tr>
<tr><td>道德自律</td><td>自觉遵守纪律，有责任心和荣誉感</td><td>15</td><td></td><td></td><td></td></tr>
<tr><td>学习态度</td><td>积极主动，不怕困难，勇于探索</td><td>10</td><td></td><td></td><td></td></tr>
<tr><td>团队分工合作</td><td>能融入集体，愿意接受任务并积极完成</td><td>15</td><td></td><td></td><td></td></tr>
<tr><td colspan="3">合　计</td><td>100</td><td></td><td></td><td></td></tr>
<tr><td colspan="6">考评辅助项目</td><td>备　注</td></tr>
<tr><td colspan="3">本组之星</td><td colspan="3"></td><td rowspan="2">两项考评辅助项目是为了激发学生的学习积极性</td></tr>
<tr><td colspan="3">组间互评</td><td colspan="3"></td></tr>
</table>

注：1．实际得分=自我评价 40%+小组评议 60%。

2．考评满分为 100 分，59 分及以下为不及格；60～74 分为及格；75～84 分为良好；85 分及以上为优秀。

3．“本组之星”可以是本次实训活动中突出贡献者，也可以是进步最大者，同样可以是其他某一方面表现突出者。

4．“组间互评”是由评审团讨论后为各组给予的最终评价。评审团由各组组长组成。当各组完成实训活动后，各组组长先组织本组内部进行商议，然后各组组长将意见带至评审团，评价各组整体工作情况，将各组互评分数填入其中。

任务二 寻找供应商

任务描述

寻找合适的供应商是任何一项采购活动首先要做的事情，它关系到采购活动的成功与否。除此之外，它还关系到企业向下游客户能否提供价格优势。

本任务的能力培养与训练简化了采购环节，假设在采购方已经确定采购需求的前提下，第三方物流企业协助采购方进行采购活动，完成对供应商的寻找和识别作业，以便为评估和筛选供应商作准备。

任务目标

技能学习目标

1．能够列举寻找供应商的方法。

2．能够在网上发布采购信息。

3．能够通过网络搜集供应商信息，填写供应商资料卡片。

情感学习目标

1．能够认真倾听教师下达的任务，并以一个服务者的身份进入工作状态，掌握服务对象的相关信息。

2．能够主动考虑有关问题，并总结经验。

3．能够认识到寻找供应商是采购业务的先决任务，并愿意为之付出更多的努力，为后续业务流程奠定基础。

4．通过了解客户，增强注意个人形象和文明举止的意识；通过填写供应商资料卡片，逐渐培养认真的工作态度。

情景导入

威斯卡特工业公司（Wescast Industries Inc.）是加拿大一家拥有 107 年历史的公司，是轿车与轻型卡车铸铁排气歧管、涡轮增压器壳体及排气系统的生产企业。

2006 年 6 月 30 日，威斯卡特在中国的全资子公司——威斯卡特工业（中国）有限公司在武汉经济技术开发区正式注册成立，威斯卡特在全球的战略触角正式延伸到了亚洲。作为武汉市经济技术开发区 2006 年引进的重点投资项目之一，威斯卡特工业（中国）有限公司的注册资本为 3300 万美元，它肩负着汽车排气歧管、涡轮增压器壳体、排气歧管增压器组合体与催化转换器外壳的亚太业务拓展，以及带动威斯卡特在全球业务增长的重大责任。

现在，有一家第三方物流企业在进行了广泛深入的市场调研后，想致力于与威斯卡特工业（中国）有限公司建立长期战略合作伙伴关系。2009年，该物流企业深入到威斯卡特工业（中国）有限公司的内部核心采购业务，力图在采购环节为威斯卡特工业（中国）有限公司寻找优质的供应商，在生产物流领域提供上佳服务。

目前，威斯卡特工业（中国）有限公司根据其业务需要，提供了一份详细的采购清单，该第三方物流企业要依据其要求，协助威斯卡特工业（中国）有限公司完成此次的采购业务。首先要做的是根据采购方提出的采购清单寻找供应商。

思考：

1. 如何寻找和发现供应商？
2. 如何从搜集到的众多供应商中筛选出合作伙伴？

知识储备

一、寻找供应商的方法

开发供应商，首先必须扩大供应商来源，因为供应商数量越多，选择供应商的机会就越多。获取供应商的相关信息。有以下三种具体方法。

1. 等待与观望法

最简单也是最常用的获取供应商信息的方法，就是等待供应商出现在公司的门前，等待供应商信息出现在邮箱或电子邮件中。毕竟供应商之间也在相互竞争，也都在同时寻求更多可能增加市场份额的机会，它们的销售代表总是在四处活动。所以，采购方可以耐心等待，而不用急于采取行动。在与采购方接触的各供应商中，采购方有充分的选择余地。

那些主动与采购方接触的供应商的确可以给采购方带来一些好处，因为它们可能非常渴望与公司进行业务合作，它们有很高的积极性。但是这些供应商不一定是采购方身边最有能力的供应商，它们的经营目标可能是短期牟利。所以，采购方不能把这些供应商作为唯一的选择。

2. 吸引与观望法

与等待与观望法不同，吸引与观望法是采购方的主动出击，就像用蜂蜜去吸引蜜蜂一样。一般来讲，采购方可以通过以下两个方法吸引供应商：

1）以广告形式将采购需求刊登在杂志、报纸或其他各种商业信息交换平台上。

2）采购方通过自己的网站向供应商传达需求信息。

3）采购方可以在第三方交易平台上发布自己的需求信息，如阿里巴巴网。

利用网站来吸引潜在的供应商，可以传达良好的公司形象，让外界认为这是一家管理良好的公司，有着明确的奋斗目标并知道如何实现这一目标。利用第三方交易平台发布信息，可以快速、广泛地获得供应方的合作意见。与第一种方法相比，它显得更积极。

3. 寻找与发现法

即使等待与观望法、吸引与观望法能很好地发挥作用，采购方也不能把成功的希望全部寄托在供应商身上。采购方必须从自身角度出发，利用各种方法去寻找并直接接触潜在的、有价值的供应商。

寻找与发现法可以帮助采购方识别和评价潜在供应市场及其存在的风险和机会。通过对供应市场进行细分，以确定最适合采购方需要的细分市场。通过这一分析，可以使采购方只集中研究最有希望的细分市场，进而更容易地找到最适合的供应商。这样可以使采购方节省大量的时间和精力。寻找与发现法的重点在于，根据采购需求寻找出一系列令采购方满意的潜在供应商。但是可能存在的问题是，在被吸引来的供应商中可能会有一些各方面条件都很差的供应商，为此，采购方要作出更为仔细的鉴别和筛选。

具体来说，以下类型的信息源可以帮助采购方进行识别和寻找。

1）贸易与工业目录以及采购指南。

2）国内外新闻传播媒体，包括报纸、期刊、广播电视和网络等。

3）参加行业交易会和展览会，以及这些活动参与者的名单目录，如中国进出口商品交易会等。

4）供应市场调查所选择的国家的商会、贸易和行业协会以及出口贸易促进会，它们会非常热情地促进其所在国公司的出口销售。

5）国内外各种厂商联谊会或同行业工会。

6）互联网上的信息，包括以上所提到的所有信息源的网站，以及一些供应商自己的网站。

初选供应商是采购方与供应商建立长期合作关系的基础性的一步。只有做好这项工作，双方才可能建立相对固定的业务关系，在以后的业务中，第三方物流企业才能按照与采购方签订的服务合同，和指定供应商进行代理采购订货业务。

二、对供应商进行筛选

对供应商进行筛选的目的是在适当的情况下，将被评估的供应商数量降低到便于管理的数量，以便快速确定供应商是否值得被全面评估，以免在根本不可能被选中的供应商身上浪费时间。

对供应商筛选的过程并非一次即可完成，而是根据一系列初步的标准和信息要经过多轮的筛选。下面是筛选供应商时可能会使用的筛选标准：

1）供应商的产品或服务范围是否能够满足采购方的需求。

2）供应商的产品或服务是否能够满足采购方的最低质量要求。

3）供应商是否能够以采购方所需的数量提供产品或服务。

4）供应商是否能够按照采购方的要求交货。

能力培养与训练

实训活动一：比较获取供应商信息的三种方法

【活动目的】

本活动是为提高学生对相关专业理论知识的理解，以表格对比的方式，培养学生学会如何抓住问题的主要方面，在相互对比分析过程中有效构建新知。

【活动组织】

将班级同学分成若干个小组。在组长的带领下，全组成员共同学习，完成本活动。

【活动步骤】

1．教师介绍本实训活动的内容、要求及注意事项，并召集各组组长强调活动实施过程中的工作方法。

2．组长回组，与组员制订本实训活动的实施方案，在每位组员自己独立构建新知的基础上提出任务完成要求。

3．组长按照事先制订的活动方案召集组员，进行组内交流，形成组内统一意见。

4．各组互相交流、讨论并点评，最后达成共识。

【活动要求】

以小组为单位，在学习相关理论知识后，能够总结和区别三种方法的优缺点。通过对比分析的方法，使学生加深对三种方法的认识，并根据要求填写表 2-3。

表 2-3　获取供应商信息三种方法的比较

获取供应商信息的方法	优　点	缺　点
等待与观望法		
吸引与观望法		
寻找与发现法		

【考核要求】

每位组员独立思考和构建新知是组内交流的前提。各组互相交流点评时，教师要给予发言学生正面、积极的肯定，同时要指出不足之处。教师全程参与，观察每位组员在活动中的表现，并对需要帮助的组员给予帮助。每位组员的活动报告情况将成为该组员整体实训活动最终成绩的一部分。

实训活动二：发布需求信息，搜索供应商资料

【活动目的】

选择合适的寻找供应商的方法，学习利用互联网发布需求信息，并搜集供应商的相关资料，培养学生发布商务信息的能力。

【活动组织】

将班级同学分成若干个小组。在组长的带领下，全组成员共同学习，完成本实训活动。

【活动步骤】

1．以本任务情景导入的案例为背景资料，教师提供威斯卡特工业（中国）有限公司的采购清单（见表 2-4），以采购设备名称组成若干个采购项目组。

表 2-4　威斯卡特工业（中国）有限公司实验室仪器设备采购清单

序号	设备名称	测试项目	主要技术要求	初定品牌	初步报价
1	电子万能材料试验机	1．铜带抗拉强度及伸长率 2．铜管抗拉强度及伸长率 3. CCA 抗拉强度及伸长率 4. PE 抗拉强度及伸长率	1．主试验机 20kN 2．力值精度 0.5 级 3．配 20kN 传感器一只（用于金属拉伸），500kN 传感器一只（用于塑料拉伸） 4．气动楔形夹具（含 0～7mm 板材夹块），宽度要求 120mm 5．大变形引伸计（1000%）一套 6．计算机控制软件一套	日本岛津 国产	20～25 万元 10～12 万元
2	低电阻测试仪及夹具	金属材料电导率	1．数字式直流低电阻测试仪 2．电阻测试范围（0.01mΩ～9.999 9Ω） 3．四点式夹具，具备正反向测试功能，长度 1m	待定	5 000 元
3	熔融指数仪	塑料熔融指数（MFI）	1．控温范围：100～400℃ 2．砝码 2.16kg 3．测试标准（ASTM D 1238/ISO 1133）	待定	30 000 元
4	精密电子天平	精确质量称量	1．最小显示值 0.000 1g 2．防风罩	待定	6 000 元
5	电缆抗拉试验机	1．馈线电缆抗拉力试验 2．跳线组件拉伸试验	1．拉力传感器 10kN 2．数字式拉力值显示仪表	参考芬兰式样，与夕阳红工艺自制	10 000 元
6	扭转试验机	跳线组件扭转试验	1．试验机架 2．配 2～20kg 砝码一套	参考芬兰式样，与夕阳红工艺自制	2 000 元
7	震动试验机	跳线组件震动试验	1．试验机架 2．震动频率：10Hz、40Hz 3．震幅要求 0～5mm 4．电动机连续工作 2h	参考芬兰式样，与夕阳红工艺自制	5 000 元
小　计：			采用岛津试验机：25.8 万元 至 30.8 万元人民币		

2．教师介绍本实训活动的内容、要求及注意事项，并召集各组组长强调活动实施过程中的工作方法。

3．组长回组，与组员一起讨论采购清单的内容，明确采购要求。

4．组长与组员制订本实训活动的实施方案，提出实训活动完成要求。

5．组长收集组员的工作成果，组内进行交流。

6．全班交流、讨论并点评。

【活动要求】

以小组为单位，根据采购方信息介绍，了解采购方的业务内容，分析采购清单上欲采购的物品，然后利用互联网资源进行以下两项工作：①在阿里巴巴网站上分组发布需求信息。②搜索供应商，将其信息填入表 2-5 中，每一个供应商信息填写一张表，以便建立一套供应商资料卡片册。

表 2-5 供应商资料卡片

公司基本情况	名　　称					
	地　　址					
	企业性质					
	联 系 人			职　　务		
	电　　话			传　　真		
	E-mail			信 用 度		
产品情况	产品名称	规　　格	质　　量	价　　格	生产规模	可供数量
运输方式	代办托运					
备　　注						

【考核要求】

每位组员独立发布采购信息、搜索供应商信息是组内交流的前提，提倡组员之间的相互合作，在搜索方法上互帮互助。各组互相交流点评时，教师要给予发言学生正面、积极的肯定，同时要指出不足之处。教师全程参与，观察每位组员在活动中的表现，并对需要帮助的组员给予帮助。每位组员的活动报告情况将成为该组员整体实训活动最终成绩的一部分。

实训评价

被 考 评 人			考 评 地 点			
考 评 内 容						
考 评 指 标		考 评 标 准	分值/分	自我评价/分	小组评议/分	实际得分/分
专业知识技能掌握	获取供应商信息的方法	掌握	10			
	获取供应商的途径	掌握	10			
	筛选供应商的标准	掌握	10			
	课业完成情况	各项实训活动完成表现	20			
通用能力培养	出勤	按时到岗，学习准备就绪	10			
	道德自律	自觉遵守纪律，有责任心和荣誉感	15			
	学习态度	积极主动，不怕困难，勇于探索	10			
	团队分工合作	能融入集体，愿意接受任务并积极完成	15			
合　　计			100			
考评辅助项目					备　　注	
本组之星					两项考评辅助项目是为了激发学生的学习积极性	
组间互评						

注：1．实际得分=自我评价 40%+小组评议 60%。

2．考评满分为 100 分，59 分及以下为不及格；60～74 分为及格；75～84 分为良好；85 分及以上为优秀。

3．“本组之星”可以是本次实训活动中突出贡献者，也可以是进步最大者，同样可以是其他某一方面表现突出者。

4．“组间互评”是由评审团讨论后为各组给予的最终评价。评审团由各组组长组成。当各组完成实训活动后，各组组长先组织本组内部进行商议，然后各组组长将意见带至评审团，评价各组整体工作情况，将各组互评分数填入其中。

任务三　评估供应商

任务描述

在实际工作中，对供应商的评估活动有一套固定的流程。本任务将在介绍这一固定流程和收集众多供应商信息的基础上，运用供应商评估的基本模型，对寻找到的供应商从定性和定量两个方面进行评估，选择出双方“情投意合”的业务合作伙伴。

任务目标

➲ 技能学习目标

1．能够列举评估供应商的基本方法及之间的区别。

2．能够分别用定性和定量的方法来评估供应商。

3．能够掌握层次分析法的基本原理，并正确运用于对优良、潜在的供应商的决策选择中。

➲ 情感学习目标

1．能够以一个服务者的身份进入工作状态，快速理解教师下达的任务。

2．发挥自身的主观能动性，对信息搜寻、拟定指标、简单筛选、顺序排列、指标打分、指标分析、对比判断和决策选择各任务环节产生浓厚的兴趣。

3．培养团队精神和协同工作的能力。

4．感受运用科学的方法评估供应商（即评估对象）的全过程。

情景导入

暑期旅游计划：某学校今年暑假准备组织全校教师去旅游。

“到哪去旅游？如何选择一个好的旅行社？”难倒了组织者。

假如你作为本计划的策划人，要从众多的报刊、广告、网络渠道及朋友旅游经历等信息中精心挑选出 3 个旅游胜地 A、B、C 和 3 个旅行社甲、乙、丙，并将其中的最优者作为本次旅游的目的地和旅行社，你该如何挑选？

问题：如何从这 3 个旅游胜地 A、B、C 中挑选出最佳旅行地点？你是否会根据诸如景色、费用、居住及饮食、旅途条件等一些准则去反复比较这 3 个候选地点？

首先，你会确定这些准则在你心目中各占多大比重？如果你经济宽绰、醉心旅游，自然会看重景色环境；而平时俭朴或手头拮据的你，则会优先考虑费用；如果你的年龄偏大，则更多会关注居住、饮食及旅途条件等。

其次，你会就每一个准则将 3 个地点进行对比，譬如 A 景色最好，B 次之；B 费用最低，C 次之；C 居住条件最好，A 次之等。

最后，你要将这两两比较的结果进行量化判断打分，分析计算综合指标，判断最优方案，在 A、B、C 中确定一个作为最佳地点。

接下来的问题：如何在确定旅游胜地后，从游览费用、景点、游览时间和导游服务水平等因素去考察旅行社？如何从这 3 个旅行社中挑选出最佳旅行社？

思考：

1. 如何去寻找和发现 3 个旅游胜地 A、B、C？

2. 如何根据诸如景色、费用、居住及饮食、旅途条件等，确定这些准则在你心目中各占多大比重？

3. 如何根据这些准则对 3 个旅游胜地进行两两对比、打分判断？打分的简单方法有哪些？如何打分？如何综合各准则对 3 个旅游胜地进行分析计算？在 A、B、C 中如何确定一个作为最佳地点？

4. 可否用同样的方法来挑选最佳旅行社？

知识储备

一、评估供应商的基本方法

对潜在供应商的评估是一项运用价值管理理论和项目决策分析方法的综合性评估工作，可以分为定性评估、定量评估、定性和定量相结合评估三种评估方法。

1. 定性评估

定性评估是物流公司通过一系列的定性指标，凭借公司高级管理人员和专家的经验、智商，运用市场价值理论、商业规律来对供应商进行评估。这些指标包括技术水平、产品质量、生产能力、供应能力、价格、地理位置、可靠性（信誉）和售后服务等。这种评估方法的主观性、实用性较强，在供应商的筛选初期广泛使用。然而，由于无法事先知道各指标样本对应的决策属性值，使得该方法在评估结果上可能存在较大差异，因此在很多的综合评价问题中得不到应用。

2. 定量评估

定量评估是物流公司通过采集定量指标、统计定量指标、建立合适的数学模型来计算出需分析的各定量指标值，运用统计学、运筹学、价值管理和决策管理的分析方法量化评估潜在的供应商。这种方法依据充分，靠客观数据说话，能准确地定量反映出分析指标的量化特征值，广泛用于计算评价供应商的各特征值。但这种方法无法对各分析特征排序，直接影响着供应商的最终选择结果。

3. 定性和定量相结合评估

定性和定量相结合评估又名层次分析评估，是综合定性和定量两种评估方法的优点，利用层次分析法的原理，通过前期定性指标的功能分层，确定各功能指标，建立数学模型，对功能指标定量分析，找出功能价值最大化潜在供应商的评估方法。

二、供应商评估简要流程

供应商评估与选定的过程包括多个步骤。从确定进行潜在供应商评估所使用的标准开始，随后以这些标准为基础识别和筛选出采购方想要评估的供应商，并为实现评估目标收集相关信息。采购方应该为不同采购需求的相关评价标准赋予不同的权重，并根据这些标准给不同的潜在供应商评定等级，从而得到最终的潜在供应商候选名单。在此基础上，对所选定的供应商进行优、劣势分析，谨慎地将其纳入采购方可以长期合作的合作伙伴“备选库”中。最后，将选定结果与供应商分享，并进行后续工作。

整个流程以一个简单的图例总结，如图 2-1 所示。

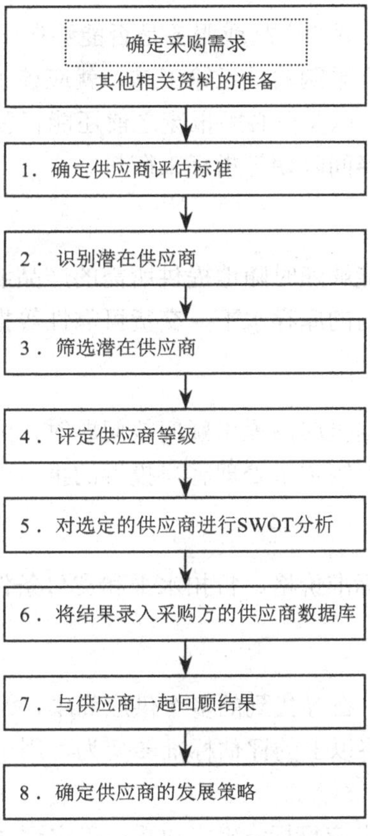

图 2-1　供应商评估过程示意图

在整个供应商评估过程中，明确采购需求、对采购品项进行定位是进行评估的基础工作。在对采购品项进行定位时，可以根据采购品项的费用水平和对利润的潜在影响力两个因素，确定供应定位模型。

供应商评估的基本模型：当采购方进行供应商评估时，最起码应该考虑两个重要因素，即供应商的能力和积极性。用一个公式表达为

$$绩效=能力\times积极性$$

这意味着，供应商不仅要具有满足采购方要求的能力，还要具有积极性。一个非常积极地要与采购方进行合作的供应商，会比一个没有太大兴趣合作的供应商能更好地完成供应任务。

三、供应商评估标准

对所搜集到的供应商进行筛选和评估时，应该有一些可遵循的相关标准。由于对不同的采购品项而言，采购方希望通过与供应商开展业务所要实现的目标是有差别的，因而进行供应商评估所需要花费的时间和精力也就不同。但万变不离其宗，在对不同供应商进行对比的过程中，采购方应尽可能使用某些大众化或共同的评估标准，以保证对比结果的可靠性。对供应商共同的评估标准有四个方面，即质量、可获得性、响应性和成本。

1. 质量标准

对于采购方而言，了解供应商的产品或服务是否能够在一段时间内保持一定的性能水平是很重要的。例如，如果采购方采购的是运输工具，就应该了解在要进行基本的维修之前，这些运输工具可以行驶的时间，以及在必须报废之前还能行驶的里程与时间。质量标准的评价可以从废品率、耐用性和保养间隔期等指标来衡量。

2. 可获得性标准

可获得性标准是指供应商能够随时随地提供所需的产品或服务的能力。关于供应商可获得性的能力测评，可以从供应商的库存水平、交货可靠性等指标衡量。

3. 响应性标准

响应性标准是指当采购方向供应商提出疑问或问题时，供应商对采购方的反应。关于响应性的能力测评，可以依托是否制定了处理客户投诉的报告制度等方面来衡量。

4. 成本标准

关于成本能力测评可以从标准价格、折扣水平和支付条件等指标来衡量。

四、评定供应商的等级

参考供应商诸多评估标准，在寻找到的多个供应商中，如何判断这些供应商是否能达到采购方的相应要求，这就需要将以上的评估标准转变为可用于测量的标准，即要对供应商的能力评估进行量化反映。

具体评定流程如下：确定供应目标→确定权重→确定评估类别的值域和分值→评定供应商的能力等级。

1. 确定供应目标

供应目标是设定评估标准权重的基础，它与采购品项的供应目标有关。供应目标的优先级别取决于采购品项的性质以及该项目对采购方的影响。

2. 确定权重

在这些供应目标中，确定一个重要性顺序来排列这些标准，并量化这个顺序。

1）每一个标准再分解成一系列组成部分。

2）用一个数值范围，如由 1 到 10，为每一个测评标准确定权重。

3. 确定评估类别的值域和分值

以采购方对各测评标准组成要素所能接受的最低水平或底线为参考标准，确定各供应商绩效的可能范围及相应的分值。

4. 评定供应商的能力等级

利用测评标准和分值来评定供应商的能力等级。

五、案例解析

以本任务情景导入的案例为背景资料，运用定性和定量相结合评估法确定旅游胜地。

综合分析：以景色、费用、居住及饮食、旅途条件为四个指标因素，分别以其中一个指标因素为控制目标、其他三个指标因素为层次目标，来确定出 A、B、C 3 个旅游胜地的备选优先顺序。

实施方法：通过市场调研，收集有关旅游胜地的信息资料，从中勾选出符合景色、费用、居住及饮食、旅途条件四个指标因素都较满意的 3 个旅游胜地 A、B、C，并按四个指标因素的重要程度对 A、B、C 进行排列。用简单打分法（0～1 评分法）分别对 A、B、C 进行打分，并计算各指标因素影响的权重指标。最后以景色、费用、居住及饮食、旅途条件四个指标因素的合理组合最优为目标，把 A、B、C 3 个旅游胜地的四个指标因素得分累乘，按累乘得分最高的为第一目标，其次为第二，再次为第三。

步骤一：收集有关旅游胜地的信息资料，对这些旅游胜地的四个指标因素进行满意度测评，并从中勾选出符合景色、费用、居住及饮食、旅途条件四个指标因素都较满意的 3 个旅游胜地，并冠名为“A”、“B”、“C”。按四个指标因素的满意程度对 3 个旅游胜地进行排列。

排序结果：景色因素排列 A>C>B；费用因素排列 B>C>A；居住及饮食因素排列 A>C>B；旅途条件因素排列 B>A>C，见表 2-6。

表 2-6　旅游胜地登记分析表

旅游胜地编号	景　色	费　用	居住和饮食	旅途条件	满意度合计	冠　名
一	7	9	6	9	31	B
二	10	7	10	8	35	A
三	5	6	9	7	27	
四	8	5	8	6	27	
五	9	8	7	5	29	C
A、B、C 排列	（A>C>B）	B>C>A	A>C>B	B>A>C		

注：满意程度按 0～10 分值打分，满分为 10 分，各单项因素下的分值不应有重分现象，把满意度合计较高及四项因素满意度也相对合理的 3 个旅游胜地加以冠名为“A”、“B”、“C”。

步骤二：用简单打分法（0～1 评分法）分别对 A、B、C 进行打分，并计算各指标因素影响的权重指标。表 2-7～表 2-10 为计算 A、B、C 3 个旅游胜地在景色、费用、居住及饮食、旅途条件四个指标因素中的权重情况。

0～1 评分法，即两两对比 A、B、C 的评价指标，较重要的旅游胜地得 1 分，不重要的得 0 分。换句话说，A、B、C 3 个旅游胜地按已先排好的指标高低，两两对比，指标高的得 1 分，指标低的得 0 分。

注意一：表 2-7～表 2-10 的第 1 列 A、B、C 为 3 个旅游胜地的对比因素，表格的第 1 行 A、B、C 为 3 个旅游胜地的被比因素。

注意二：费用排列得分以费用低的得 1 分，费用高的得 0 分。

注意三：指标权重得分不能为 0，即 A、B、C 3 个旅游胜地的四个指标因素相对得分之和不能为 0 分。如出现 0 分的情况，必须将得 0 分的旅游胜地相对得分调整为 1 分，其他各旅游胜地的指标因素相对得分相应加上 1 分。

表 2-7　景色指标因素打分及权重计算分析表

旅游胜地	A	B	C	得　分	修正得分	权　重
A		1	1	2	3	3/6=0.500
B	0		0	0	1	1/6=0.167
C	0	1		1	2	2/6=0.333
合　计				3	6	6/6=1.000

表 2-8　费用指标因素打分及权重计算分析表

旅游胜地	A	B	C	得　分	修正得分	权　重
A		1	1	2	3	3/6=0.500
B	0		0	0	1	1/6=0.167
C	0	1		1	2	2/6=0.333
合　计				3	6	6/6=1.000

表 2-9　居住及饮食指标因素打分及权重计算分析表

旅游胜地	A	B	C	得　分	修正得分	权　重
A		1	1	2	3	3/6=0.500
B	0		0	0	1	1/6=0.167
C	0	1		1	2	2/6=0.333
合　计				3	6	6/6=1.000

表 2-10　旅途条件指标因素打分及权重计算分析表

旅游胜地	A	B	C	得　分	修正得分	权　重
A		0	1	1	2	2/6=0.333
B	1		1	2	3	3/6=0.500
C	0	0	0	0	1	1/6=0.167
合　计				3	6	6/6=1.000

步骤三：以景色、费用、居住及饮食、旅途条件四个指标因素的合理组合最优为目标，分析计算出 A、B、C 的综合权重，并按优先程度排列，选出排列第一的为首选目标，并确定其为这次暑期旅游计划的旅游胜地，见表 2-11。

表 2-11　四个指标因素的合理组合计算权重分析表

旅游胜地	景　色	费　用	居住及饮食	旅途条件	累乘权重	优先顺序
A	0.500	0.500	0.500	0.333	0.042	1
B	0.167	0.167	0.167	0.500	0.002	3
C	0.333	0.333	0.333	0.167	0.006	2
确定结论						A

能力培养与训练

实训活动一：比较评估供应商的三种基本方法

【活动目的】

本活动是为提高学生对相关专业理论知识的理解，以表格对比的方式，培养学生学会如何抓住问题的主要方面，在相互对比分析过程中有效构建新知。

【活动组织】

将班级同学分成若干个小组。在组长的带领下，全组成员共同学习，完成该活动。

【活动步骤】

1. 教师介绍本实训活动的内容、要求及注意事项，并召集各组组长强调活动实施过程中的工作方法。

2. 组长回组，与组员制订本实训活动的实施方案，在每位组员自己独立构建新知的基础上提出实训活动完成要求。

3. 组长按照事先制订的活动方案召集组员，进行组内交流，形成组内统一意见。

4. 各组互相交流、讨论并点评，最后达成共识。

【活动要求】

以小组为单位，在学习相关理论知识后，能够总结和区别三种方法的优缺点和适用范围。通过对比分析的方法加深学生对三种方法的认识，并根据要求填写表 2-12。

表 2-12　三种评估供应商方法的对比分析表

方　法	优　点	缺　点	适用范围
定性评估			
定量评估			
定性和定量相结合评估			

【考核要求】

每位组员独立思考和构建新知是组内交流的前提。各组互相交流点评时，教师要给予发言学生正面、积极的肯定，同时要指出不足之处。教师全程参与，观察每位组员在活动中的表现，并对需要帮助的组员给予帮助。每位组员的活动报告情况将成为该组员整体实训活动最终成绩的一部分。

实训活动二：运用定性和定量相结合评估法的原理，确定最优旅行社

【活动目的】

以本任务情景导入的案例为背景资料，运用定性和定量相结合评估法选择最优旅行社。本活动重点在于培养学生运用定性和定量相结合评估法进行方案评估的能力。

【活动组织】

将班级同学分成若干个小组。在组长的带领下，全组成员共同学习，完成本实训活动。

【活动步骤】

1．教师介绍本实训活动的各项内容、要求、目标及注意事项，并召集各组组长强调活动实施过程中的工作方法。

2．组长回组，与组员一起讨论完成各项内容的目标和方法。

3．组长与组员制订各项内容的实施方案，提出各项内容完成要求。

4．组长组织小组成员协同完成各项内容，并收集相关成果，进行组内交流。

5．全班交流、讨论并点评。

【活动要求】

以小组为单位，根据本实训活动的具体方法及实施步骤，完成本次实训活动。

具体方法：以游览费用、游览景点、游览时间、导游服务为四个指标因素，并以四者合理组合最优为控制目标，来定出旅行社的优先顺序。通过市场调研，收集适合最优旅游胜地的有关旅行社信息资料，从中勾选出符合游览费用、游览景点、游览时间和导游服务四个指标因素都较满意的 3 个旅游胜地甲、乙、丙，并按四个指标因素的重要程度对甲、乙、丙进行排列。用简单打分法（0～1 评分法）分别对甲、乙、丙进行打分，并计算各指标因素影响的权重指标。以游览费用、游览景点、游览时间、导游服务四个指标因素的合理组合最优为目标分析计算出甲、乙、丙的综合权重，并按优先程度排列。排列第一的为首选目标，确定其为这次暑期旅游计划的旅行社。

步骤一：教师给出收集到的有关符合最优旅游胜地的有关旅行社信息资料。由学生从中勾选出符合游览费用、游览景点、游览时间、导游服务四个指标因素都较满意的 3 个旅行社，分别冠名为“甲”、“乙”、“丙”，并按四个指标因素的满意程度对 3 个旅行社进行排列，见表 2-13。

表 2-13　旅行社的登记分析表

旅行社编号	游览费用	游览景点	游览时间	导游服务	满意度合计	冠　名
一	10	8	9	6	33	
二	8	9	8	10	35	
三	9	10	10	9	38	
四	7	7	7	8	29	
五	6	6	6	7	25	
甲、乙、丙排　列						

注：满意程度按 0～10 分值打分，满分为 10 分，各单项因素下的分值不应有重分现象，把满意度合计较高及四项因素满意度也相对合理的 3 个旅行社加以冠名为“甲”、“乙”、“丙”。

步骤二：用简单打分法（0～1 评分法）分别对甲、乙、丙进行打分，并计算各指标因素影响的权重指标，填写表 2-14～表 2-17。

表 2-14　旅游费用指标因素打分及权重计算分析表

旅　行　社	甲	乙	丙	得　　分	修正得分	权　　重
甲						
乙						
丙						
合　　计						

表 2-15　旅游景点指标因素打分及权重计算分析表

旅　行　社	甲	乙	丙	得　　分	修正得分	权　　重
甲						
乙						
丙						
合　　计						

表 2-16　旅游时间指标因素打分及权重计算分析表

旅　行　社	甲	乙	丙	得　　分	修正得分	权　　重
甲						
乙						
丙						
合　　计						

表 2-17　导游服务指标因素打分及权重计算分析表

旅　行　社	甲	乙	丙	得　　分	修正得分	权　　重
甲						
乙						
丙						
合　　计						

步骤三：以游览费用、游览景点、游览时间、导游服务四个指标因素的合理组合最优为目标，分析计算出甲、乙、丙的综合权重，并按优先程度排列，选出排列第一的为首选目标，并确定其为这次暑期旅游计划的旅行社，填写表 2-18。

表 2-18　四个指标因素的合理组合计算权重分析表

旅行社	游览费用	游览景点	游览时间	导游服务	累乘权重	优先顺序
甲						
乙						
丙						
确定结论						

【考核要求】

组员独立完成或协同完成各阶段的内容是组内交流的前提，提倡组员之间相互合作，尤其在搜寻旅游胜地信息和旅行社信息方面应互帮互助。各组互相交流点评时，教师对发言学生要给予正面、积极的肯定，同时指出不足之处。教师全程参与，观察每位组员在活动中的表现，并对需要帮助的组员给予帮助。每位组员的活动报告情况将成为该组员整体实训活动最终成绩的一部分。

实训评价

被考评人			考评地点			
考评内容						
考评指标		考评标准	分值/分	自我评价/分	小组评议/分	实际得分/分
专业知识技能掌握	评估供应商的三种方法	掌握	10			
	评估供应商的简要流程和标准	了解	10			
	评定供应商的等级	了解	10			
	课业完成情况	各项实训活动完成表现	20			
通用能力培养	出勤	按时到岗，学习准备就绪	10			
	道德自律	自觉遵守纪律，有责任心和荣誉感	15			
	学习态度	积极主动，不怕困难，勇于探索	10			
	团队分工合作	能融入集体，愿意接受任务并积极完成	15			
合计			100			
考评辅助项目					备注	
本组之星					两项考评辅助项目是为了激发学生的学习积极性	
组间互评						

注：1．实际得分=自我评价 40%+小组评议 60%。

2．考评满分为 100 分，59 分及以下为不及格；60～74 分为及格；75～84 分为良好；85 分及以上为优秀。

3．“本组之星”可以是本次实训活动中突出贡献者，也可以是进步最大者，同样可以是其他某一方面表现突出者。

4．“组间互评”是由评审团讨论后为各组给予的最终评价。评审团由各组组长组成。当各组完成实训活动后，各组组长先组织本组内部进行商议，然后各组组长将意见带至评审团，评价各组整体工作情况，将各组互评分数填入其中。

第三单元　体验商务谈判　3

寻找到情投意合的业务合作伙伴后，就要将合作的意愿付之于行动。为了双方的利益和发展，必须与对方详细商谈合作中可能遇到的所有事项。这就进入了商务运作中不可回避的环节——商务谈判。

任务一　组建谈判团队

任务描述

人们在日常生活也好，在经济交往中也好，都需要同他人进行交流，都主动或被动地参与了各种形式的谈判。在客户与第三方物流企业进行合作时，经常会有不同形式的谈判活动。那么什么是谈判呢？如何组建一个谈判团队呢？如何把握和适应不同的谈判风格呢？本任务将以组建谈判团队这一活动学习相关知识，来训练物流谈判的组建能力。

任务目标

➲ 技能学习目标

1. 能够通过体验式学习和广泛交流，掌握谈判的目标。
2. 了解谈判风格的类型和特点。
3. 能够在谈判之前准备好各种谈判资料。
4. 能够组建简单的谈判团队。

➲ 情感学习目标

1. 在准备谈判资料时要体会谈判人员细致的工作态度。
2. 在组建谈判团队的过程中要了解团队与成员的关系，增强团队合作的意识。

情景导入

有一个妈妈把一个橙子给了邻居家的两个孩子。这两个孩子便讨论起如何分这个橙子的问题。两个人吵来吵去，最终达成了一致意见：由一个孩子负责切橙子，另一个孩子首先选择切开的橙子。结果，这两个孩子按照商定的办法各自取得了一半橙子，高高兴兴地拿回家了。第一个孩子把半个橙子拿到家，把皮剥掉扔进了垃圾桶，把果肉放到果汁机里打果汁喝。另一个孩子回到家，把果肉挖掉扔进了垃圾桶，把橙子皮留下来磨碎，混在面粉里烤蛋糕吃。

从上面的情形中，我们可以看出，虽然两个孩子各自拿到了看似公平的一半橙子，然而他们各自得到的东西却未物尽其用。这说明，他们在事先并未作好沟通，两个孩子并没有声明各自的利益所在。没有事先申明价值导致了双方盲目追求形式上和立场上的公平，结果，双方各自的利益并未在谈判中达到最大化。

试想，两个孩子充分交流各自所需，或许会有多个方案和情况出现。可能的一种情况就是遵循上述情形，两个孩子想办法将皮和果肉分开，一个拿到果肉去榨汁，另一个拿果皮去烤蛋糕，各得所需。然而，也可能经过沟通后是另外的情况，两个孩子各自拿出他们的成果一起分享。这样大家都可以喝到橙汁，也可以吃到蛋糕。这就体现了最佳的价值，达到了双赢的目的。

两个孩子的谈判思考过程实际上就是不断沟通、创造价值的过程。双方在寻求对自己有最大利益的方案的同时，也要尽量满足对方追求最大利益的需要。

思考：

1. 你认为谈判对于我们重要吗？为什么？
2. 说说你对谈判的理解。

知识储备

一、确定商务谈判目标

1. 商务谈判目标的类型

商务谈判目标是商务谈判人员根据企业经营目标，通过可行性分析和估量，结合考虑诸多方面的影响因素而确定的谈判应达到的结果或标准。它是对谈判要达到结果的设定，是指导谈判的核心。商务谈判目标是一种目标体系，按照它对企业的重要程度可分为三个级别，即基本目标、争取目标和最高期望目标。

（1）基本目标：基本目标是指对企业的经济利益具有实质作用的目标，是商务谈判必须达到的保证目标。在谈判中，基本目标是不可妥协的，必须保证该目标的实现。否则，就失去了谈判的意义。

（2）争取目标：争取目标也称为二级目标，是指对企业的利益有一定的影响，谈判时具有较大弹性的目标。它是企业希望达到的目标，谈判人员应努力争取实现。但如果在谈判中，基本目标达到了，而争取目标的谈判陷入僵局时也可以放弃。评估谈判人员能力的高低以及谈判结果的好坏，在很大程度上取决于争取目标的实现程度。

（3）最高期望目标：最高期望目标是对谈判人员最有利的一种理想目标。实现这个目标，将最大化地满足己方利益。当然己方的最高期望目标可能是对方最不愿意接受的条件，因此很难得到实现。但是确立最高期望目标是很有必要的，它激励谈判人员尽最大努力去实现最高期望目标，也可以很清楚地评价出谈判的最终结果。在谈判开始时，以最高期望目标作为报价起点，有利于在讨价还价中使己方处于主动地位。三种商务谈判目标的层次关系如图 3-1 所示。

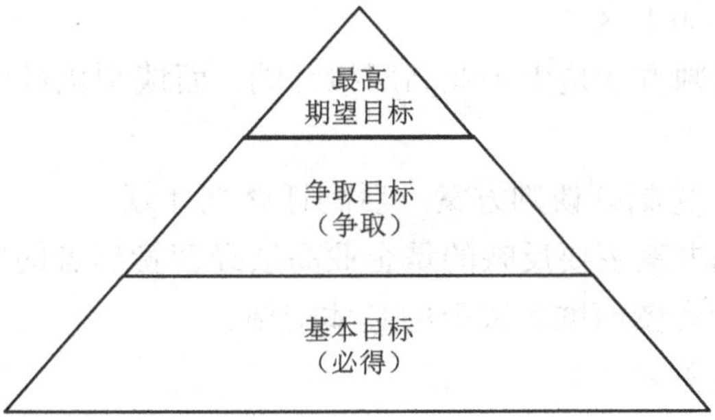

图 3-1　三种商务谈判目标的层次关系

2. 商务谈判目标的形成

在正式进入商务谈判以前，必须在对企业内部条件和外部环境调查分析的基础上，根据企业经营目标提出明确的谈判目标。企业经营目标与谈判目标的关系如图 3-2 所示。在制订谈判目标时要注意：一方面，谈判目标要与企业经营目标相一致。另一方面，个别的具体谈判目标不能受企业经营目标的限制而订得过低或过高。目标过低会使实现目标的过程缺乏激励，企业的利益也会受到影响；而目标过高则会影响谈判人员的自信心，增加谈判难度，甚至可能导致谈判破裂。所以，谈判目标的制订既要大胆，又要合理，既有定性的概念，又有定量的概念，使谈判目标更加具体、明确。

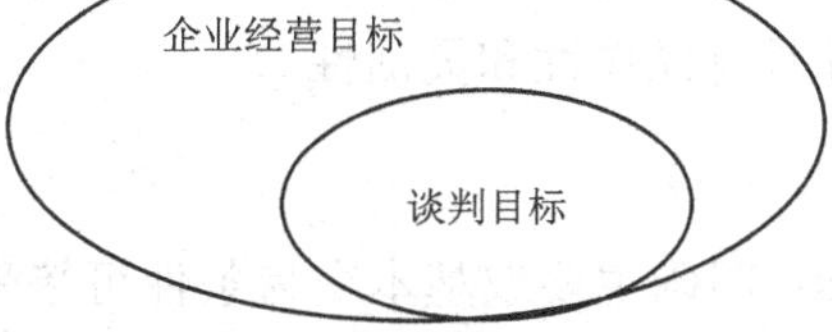

图 3-2　企业经营目标与谈判目标的关系

就一般第三方物流交易谈判而言，制订商务谈判目标基本上包括：运输服务目标、仓储服务目标、包装服务目标、搬运服务目标、装卸服务目标、流通加工服务目标、物流信息与管理服务目标等。

二、商务谈判方案及执行计划

在正式谈判前，围绕着商务谈判目标必须制订具体的谈判方案和执行计划。制订周密、细致的谈判方案和执行计划可使谈判人员各负其责，协调工作，有计划、有步骤地开展谈判。

它是保证谈判顺利进行的必要条件，也是取得谈判成功的基础。所以，任何一方都不应忽视谈判方案和执行计划的制订工作，而必须认真对待，做到严谨、周密、明确、具体。

（一）商务谈判方案和执行计划的关系

商务谈判方案是企业最高决策层或上级领导就某项谈判的内容拟订的谈判主体目标、准则、具体要求和规定。商务谈判执行计划是谈判小组为实施谈判方案所规定的内容而制订的具体行动措施。两者具有如下区别：

（1）制订者不同：谈判方案是由企业高层拟订的，而谈判执行计划是由谈判小组根据谈判方案的精神而制订的。

（2）制订时间不同：先制订谈判方案，后制订谈判计划。

（3）内容不同：谈判方案主要反映的是企业高层经营管理者的意图，而谈判执行计划则是谈判小组为了实现这一意图而准备采取的具体措施。

简明的对比分析内容见表 3-1。

表 3-1　商务谈判方案及执行计划区别表

	制　订　者	制　订　时　间	内　　容
商务谈判方案	企业高层	先制订方案	企业高层的意图
商务谈判执行计划	谈判小组	后制订执行计划	实现意图的具体措施

（二）商务谈判方案的制订

1. 商务谈判方案制订的形式和要求

由于商务谈判的规模、重要程度不同，商务谈判方案的内容、形式也有差别。内容可多可少，可以是书面形式，也可以是口头形式，这些都要视具体情况而定。尽管内容、形式不同，但其要求都是一样的，都要求尽可能做到简明扼要，同时要有一定的灵活性，以便谈判人员既能照章办事又能随机应变。谈判方案越简单明了，谈判人员越不容易误读其含义，只有这样才能使谈判计划的制订具有操作性和灵活性。

2. 商务谈判方案的内容

（1）确定谈判的主体目标：明确主要或基本交易条件可接受的范围，以及保证标准和理想标准。

（2）规定谈判期限：一方面，由于价格、供求关系随时处在变化之中，在某一时点上拟订的谈判目标必须相适应地作出适当的调整，否则企业利益会遭受损失；另一方面，谈判的时间越长，其人力、物力和财力的耗费也就越大。所以这两方面都要求谈判要尽快达成共识，必须对谈判期限作出合理规定。

（3）明确规定谈判人员的分工及职责：坚持各负其责，这样做可以最大限度地减少成员之间的争执和摩擦，更有利于发挥谈判小组的集体智慧。

（4）规定联络通信方式及汇报制度：谈判过程中常常出现意料不到的情况，当这些情况的处理超出谈判小组负责人的权限时，就需要向上级领导请示。有时临时需要某一方面的资料而不得不向企业相关部门索取，这也需要向上级领导请示。而且，领导也需要了解谈判的进展情况，以便及时给予新的指示。因此，在谈判方案中应列明联络通信方式、联络通信人员及汇报的时间等。总的要求是迅速、高效、保密。

（三）商务谈判执行计划的制订

商务谈判执行计划是谈判小组为实施谈判方案而准备采取的一系列具体措施，也称工作计划。商务谈判执行计划的制订主要从以下四个方面进行。

1. 制订商务谈判策略

制订商务谈判策略就是要选择能够达到和实现己方谈判目标的基本途径和方法。谈判不是一个讨价还价的简单过程，实际上是双方在实力、能力和技巧等方面的较量。因此，制订商务谈判策略前应考虑如下影响因素：

1）对方的谈判目的和主谈者的性格特点。

2）对方和己方的优势所在。

3）交易本身的重要性。

4）谈判时间限度。

5）是否有建立持久、友好关系的必要性。

通过对谈判双方实力及以上影响因素细致而认真的研究分析，谈判人员可以确定己方的谈判地位，即处于优势、劣势或均势，由此确定谈判的策略。

2. 合理安排谈判的议事日程

议事日程是决定谈判效率高低的重要一环，它的确定和安排对谈判双方来讲都具有不可忽视的作用，其本身是一种谈判技术。谈判议事日程的确定主要包括两个方面的内容：一是谈判议题，即双方就哪些问题进行讨论；二是时间安排，即议题的先后次序和讨论的时间。

（1）议题的确定：确定议题，首先应将与本谈判有关的问题都罗列出来，尽可能不要遗漏；然后，根据对对方有利还是不利这一准则，将所列出的问题进行分类；最后，尽可能将对己方有利的问题列入谈判的议题。

（2）时间安排：其原则是将对己方有利，己方想要得到而对方又有可能作出让步的议题排在前面讨论；而将对己方不利或己方要作出让步的议题放在后面讨论。对前一种议题安排尽可能多的时间，对后一种议题则给予少量时间。这样做实际上是以对方的让步作为谈判继续和己方让步的前提与条件。

需要指出的是，谈判的议事日程不是由谈判的某一方单方面确定下来的，往往要由双方协商而定，它体现了议事安排的互利性。同时，还要注意议事日程安排的简洁性，即一次谈判过程中不要列出太多的问题。

3. 选择谈判地点

谈判地点是影响最终谈判结果的一个不可忽视的因素。选择谈判地点时通常要考虑：即将展开的谈判中力量的对比、可选择地点的多少和特色、双方关系等因素。谈判地点可分为主场谈判、客场谈判和中立地谈判。

（1）主场谈判：一般来说，谈判双方都愿意在己方所在地进行谈判。在主场谈判的优点是：①己方谈判人员对环境熟悉，谈判的一切行政事务都由东道主安排，这就会给己方谈判人员从心理上带来一种优势。②己方谈判人员不会产生焦虑感。人们长期在外会对家庭产生思念之情，还会感到孤独和烦躁，而这种感情往往会使谈判人员急于早日达成交易，这对获得较好的谈判效果是十分不利的。③利用室内布置、座位安排乃至食宿招待安排等，创造某种机会和谈判气氛，给对方施加压力和影响。主场谈判也有缺点：①谈判进入白热化阶段，对方为了摆脱没有把握的决策压力，可以借口资料不全而离去。②远离工作之地的种种不便容易造成对方中止谈判。

（2）客场谈判：相对于主场谈判而言，客场谈判也有一定的好处：①谈判人员可以不受承担安排其他事务的干扰，能够为谈判进行充分的准备。②对方无法借口自己无权决定而故意拖延时间。③谈判小组在外谈判，谈判小组负责人无法事事向领导汇报，这反而给谈判小组带来了在不超出谈判方案规定范围更多的灵活性。在客场谈判需要注意的问题是必须保持头脑冷静，与对方保持一定的距离，时刻记住自己的使命。过分的款待和接受娱乐活动会使谈判人员失去斗志。

（3）中立地谈判：如果谈判之前预料到谈判的紧张程度，或者谈判双方陷入僵局，都不愿意到对方所在地去谈判，那么选择中立地进行谈判，有助于创造一种冷静的气氛，双方可以心平气和地对待问题，便于消除误会。

4. 谈判现场的布置与安排

通常在主场谈判的情况下，制订谈判执行计划的最后工作就是谈判现场的布置与安排。

（1）洽谈室的布置：在较为正规的商务谈判活动中，通常要有两个房间，一个房间作为主谈室，另一个房间作为秘谈室。如果条件允许，还可以安排一个供双方人员休息用的休息室。主谈室的布置很关键，应以光线充足、舒适为宜。主谈室的桌子可以是长方形的，也可以是椭圆形的，但圆形的几乎不用于商务谈判。

（2）谈判双方座位的安排：商务谈判中座位的安排是很有讲究的。不同的座位安排对谈判的气氛、谈判各方在谈判过程中的内部交流与控制都是有重要影响的。常见坐法是双方居谈判桌的一边，相对而坐，这样洽谈的同伴能够相互接近，在心理上产生安全感，也便于信息的交流，增强凝聚力。这种方式不利之处在于：它客观上造成双方的对立感，给谈判人为地造成了紧张的气氛，如图 3-3、图 3-4 所示。

图 3-3 方形对坐

图 3-4 圆形对坐

三、谈判风格的类型与特点

在商务谈判中，谈判者的风格各异。正因如此，才使谈判过程更具有魅力。谈判风格有很多种，在此介绍以下几种比较常见的谈判风格。

1. 领导型的谈判风格

领导型的谈判风格是指谈判者在谈判中习惯处于主动地位，也叫权力型谈判风格。这种风格的谈判者有较强的控制欲，在谈判中评论对手、评判对手毫不客气，习惯掌握谈判议题的转折、谈判条件的进退，总爱主动表现自己的高度和实力。

2. 跟随型的谈判风格

跟随型的谈判风格是指谈判者在谈判中习惯处于被动的谈判位置，也叫被动型谈判风格。这种风格的谈判者在谈判过程中随着谈判对手的策略变化而相应调整谈判策略。

3. 进攻型的谈判风格

进攻型的谈判风格是指谈判者在谈判中惯于主动向对方发起攻击，以求谈判成果的做法。

4. 防守型的谈判风格

防守型的谈判风格是指谈判者在谈判中习惯处于以守为攻的位置。这种风格的谈判者在谈判时非常严谨，意志坚强，善于辩论。

5. 闪电型的谈判风格

闪电型的谈判风格是指谈判者在谈判中惯于采用快速进攻或者结束谈判的手法，也叫快速型谈判风格。这类谈判者在谈判中多采用简捷、果断的谈判态度。

6. 太极型的谈判风格

太极型的谈判风格是指谈判者在谈判中惯于软硬兼施、刚柔结合。

四、谈判团队的组成

谈判的主体是人。从理论上讲，谈判团队的理想规模是一个人，因为一个人对自己有完全的控制权。但一个人的谈判又是最艰难的谈判。对一个人来说，不能要求他成为所有谈判问题的专家，每次谈判需要大量的信息资料和多方面的专业知识，而这是一个人的能力所不及的。因此，对于一次正规的商务谈判任务来说，要使谈判达到预期的目标，一般都需要组织一个规模适宜、结构合理、高质量的谈判团队。

（一）组成谈判团队的成员要求

由于人的素质有差别，决定了不同的人组成的谈判团队，其工作效率和结构会大相径庭。为此，就必须精心挑选谈判团队成员，保证高质量。

1. 谈判成员的选择应根据谈判内容和重要性而定

每一项谈判都有其特定的内容，重要程度也不同。因此，在选择谈判成员时，一方面要充分考虑谈判内容所涉及的业务知识面，使谈判团队的知识结构满足谈判内容的需要；另一方面，如果谈判对企业至关重要，谈判团队的负责人应由企业决策层中有经验的谈判高手担任。

2. 谈判成员的选择应该考虑谈判的连续性

如果某些成员已与对方打过交道，并且双方关系良好，则这项谈判还应选派这些人员参加，由此可以增加了解，赢得对方的信任，大大缩短双方的距离和谈判时间。

3. 谈判成员在素质上要形成群体优势

谈判团队成员的组合，在性格、气质、能力以及知识方面应优势互补，形成群体优势。

4. 谈判成员之间应形成一体化气氛

要想赢得谈判的成功，在组成高质量谈判团队的基础上，最重要的工作就是团队内通力合作，关系融洽，形成合力。否则，内耗必将导致谈判的失败。因此，选择谈判的团队成员应避免曾经或现在闹矛盾的人选。

（二）影响谈判团队成员规模的因素

一个谈判团队的规模有多大才算合适呢？没有统一的规定，主要依据有以下三个方面。

1. 谈判项目的复杂程度

如果谈判项目比较简单，涉及的问题或知识比较单一，需要的人就少些；反之则需要多人进行谈判。

2. 谈判项目的重要程度

如果所谈项目对己方不太重要，就可以少派谈判人员；反之则需要派多人进行谈判。

3. 主谈人的素质

一般来说，如果主谈人的知识面较广，素质较高，则可以少用谈判人员；反之则需要补充相关谈判人员。但即使个人知识再渊博，在谈判过程中面对多人，时间紧迫，既要陈述交易条件，又要倾听对方的意见，观察对方的反应，估计对方的满意程度，做好应对措施，并且还要作谈判记录，边筹划边回答对方的问题，如此等等，是很难由主谈人一人完成的。

谈判团队组成的一般原则是精干和高效。成员不宜过多，必须精干，便于控制。但也不能不够用，必须保证高质量、高效率地完成谈判任务。

（三）谈判人员及负责人的职责

谈判团队成立后，在内部要进行合理的分工，以各司其职，各负其责。

1. 谈判团队成员的职责

谈判团队成员的职责是协助主谈人做好谈判工作，完成谈判任务。其具体职责是：

1）谈判前，参与信息收集、谈判调研，做好各自的准备工作。

2）谈判中，为主谈人出谋划策，当好左右手。

3）根据工作需要，服从统一指挥，听从主谈人的安排。

4）各司其职，各负其责，既有分工，又有协作，随时向主谈人提供相关方面的信息。

2. 谈判团队负责人的职责

谈判团队负责人有时也称主谈人或组长，负责谈判的全面工作。其具体职责是：

1）挑选谈判团队的其他成员，规定谈判团队的人数，明确团队成员的分工。

2）制订谈判执行计划，组织谈判。

3）总管谈判并对谈判让步程度、交易条件等作出规划。

4）与谈判对手进行具体的交易磋商。

5）落实交易磋商的记录工作。

6）保持同企业领导的汇报、请示。

7）对事务决策负责，有些带有风险性的决策，负责人可以征求团队内专家的意见，但最后决策仍由负责人自己作出。

能力培养与训练

实训活动一：组建商务谈判团队

【活动目的】

通过学习商务谈判的基础知识，了解谈判团队对于谈判成功的重要作用。根据给出的谈判情景材料，全班同学依据自己的性格特征与特长，组建各种谈判团队。在组建过程中增强团队合作意识。

【活动组织】

通过阅读谈判情景材料，根据学生性格特征与特长，组建若干个谈判团队。

【活动步骤】

1．教师介绍本实训活动的内容、要求及注意事项。

2．阅读并分析谈判情景材料。

3．组建谈判团队。

【活动要求】

请同学们阅读下面的谈判情景材料，组建谈判团队。

武汉××物流公司是专业从事大件公路运输、大件水运运输、普通货物物流运输、配送、国际货运代理及大件运输咨询服务的第三方物流企业。公司经营近10年的时间，业务量逐年增长。

最近，武汉××物流公司获得了一个重要市场信息，××节能灯具有限公司正在选择一家第三方物流公司进行合作。武汉××物流公司为了争取到这个服务项目，决定从公司抽调人员组成一个谈判小组，专门负责该项目的谈判。现在公司领导正在研究谈判小组成员如何组成的问题。

谈判小组组长是总负责人，负责整个谈判活动。在礼宾场合，他是主角；在谈判桌上，他要充分发挥主谈人的作用；在谈判出现僵局时，他要适时出面斡旋，打破谈判僵局，推动谈判顺利进行；并且他还要密切控制谈判全局，随时指导谈判，确保谈判顺利完成任务。这个组长谁来担任比较合适呢？

谈判小组成员需从物流技术部门、物流信息中心、仓储部门、运输与配送部门及营销部门抽调。他们要熟悉自己的专业，在谈判中能随时提供给主谈人相关信息与意见。这些小组成员谁来担任比较合适呢？

1．你觉得自己适合担任哪种谈判角色？为什么？

2．在教师的协调下将全班同学组成若干谈判团队，并完成你所在谈判团队成员的名单表，见表 3-2。

表 3-2　谈判团队成员

谈判成员角色	
主谈人	
物流技术部门	
物流信息中心	
仓储部门	
运输与配送部门	
营销部门	

【考核要求】

认真阅读谈判情景材料，在组建谈判团队时要保持客观，根据自己的性格特征与特长，合理选择谈判团队成员角色。

实训活动二：制订商务谈判执行计划

【活动目的】

在本实训活动一的基础上，了解商务谈判执行计划的基本结构，根据本实训活动一的谈判情景材料，为公司制订一份商务谈判执行计划。

【活动组织】

以谈判团队为单位，组长领导成员共同完成商务谈判执行计划。

【活动步骤】

1．教师介绍本实训活动的内容、要求及注意事项。

2．组长组织成员讨论、分析如何制订商务谈判执行计划。

3．组长为成员分工，一起完成商务谈判执行计划。

【活动要求】

在本实训活动一组建谈判团队的基础上，各团队认真讨论商务谈判执行计划，并完成表 3-3。

表 3-3　商务谈判计划纲要

<table>
<tr><td>制订商务谈判策略</td><td colspan="2"></td></tr>
<tr><td rowspan="2">合理安排谈判的议事日程</td><td>议　题</td><td></td></tr>
<tr><td>日　程</td><td></td></tr>
<tr><td>选择谈判地点</td><td colspan="2"></td></tr>
<tr><td>谈判现场布置与安排</td><td colspan="2"></td></tr>
</table>

组长将综合考虑成员意见后，归纳总结共同完成一份商务谈判计划。

【考核要求】

团队每位成员独立思考和构建新知是团队内交流的前提。各团队互相交流点评时，教师要给予发言学生正面、积极的肯定，同时要指出不足之处。教师全程参与，观察每位团队成员在活动中的表现，并对需要帮助的团队成员给予帮助。每位成员的活动报告情况将成为该成员整体实训活动最终成绩的一部分。

实训评价

被考评人			考评地点			
考评内容						
考评指标		考评标准	分值/分	自我评价/分	小组评议/分	实际得分/分
专业知识技能掌握	商务谈判目标	掌握	10			
	商务谈判方案与执行计划	掌握	10			
	组建商务谈判团队	掌握	10			
	课业完成情况	各项实训活动完成表现	20			
通用能力培养	出勤	按时到岗，学习准备就绪	10			
	道德自律	自觉遵守纪律，有责任心和荣誉感	15			
	学习态度	积极主动，不怕困难，勇于探索	10			
	团队分工合作	能融入集体，愿意接受任务并积极完成	15			
合　计			100			
考评辅助项目					备　注	
团队之星					两项考评辅助项目是为了激发学生的学习积极性	
团队互评						

注：1. 实际得分=自我评价 40%+小组评议 60%。
2. 考评满分为 100 分，59 分及以下为不及格；60～74 分为及格；75～84 分为良好；85 分及以上为优秀。
3. “团队之星”可以是本次实训活动中突出贡献者，也可以是进步最大者，同样可以是其他某一方面表现突出者。
4. “团队互评”是由评审团讨论后为各团队给予的最终评价。评审团由各团队组长组成。当各团队完成实训活动后，各团队组长先组织本团队内部进行商议，然后各团队组长将意见带至评审团，评价各团队整体工作情况，将各团队互评分数填入其中。

任务二　体验谈判过程

任务描述

当组建好谈判团队后，就要准备进行谈判了。第三方物流企业和客户进行谈判，关系到物流企业能否争取到订单，关系到企业的发展。而在谈判的过程中如何控制谈判过程是双方进行良好谈判的重要因素。

本任务要求学生熟悉商务谈判的过程，了解商务谈判开局阶段的基本任务，了解磋商阶段如何进行让步以及当出现僵局时怎么处理，最终如何达成谈判的结果。

本次实训活动，可以采取情景模拟演练的方法来训练学生对商务谈判过程的理解。

任务目标

➲ 技能学习目标

1. 了解商务谈判过程开局阶段的基本任务。
2. 能够营造良好的开局谈判气氛。
3. 能够描述商务谈判磋商的准则。
4. 熟悉商务谈判让步策略和商务谈判僵局的处理。

➲ 情感学习目标

1. 在谈判开局阶段营造谈判气氛时，要培养学生的亲和力。
2. 在谈判处于僵局时，要培养学生遇到困难不屈不挠、勇于突破难题的精神。

情景导入

柯达公司创始人乔治·伊士曼，成为美国巨富后热心社会公益事业，捐巨款建造了一座音乐厅、一座纪念馆和一座剧院。为能承接这些建筑物内的座椅，众多商家开展了竞争，可是无不乘兴而来，败兴而归。此时，代表美国××座椅公司的亚森前来，希望得到这笔价值8万美元的生意。伊士曼的秘书在引见亚森前忠告他：“我明白您急于得到这笔订单，但我要告诉您，假如您占用了伊士曼先生5分钟以上的时间，您就没有希望了。他是一个大忙人，所以您进去后要快讲。”

亚森被引进伊士曼的办公室后，看到伊士曼正在埋头处理桌上的一堆文件。于是，亚森静静地站在那里，并打量着这间办公室。过了一会儿，伊士曼抬头发现亚森，问道：“先生，有何见教？”

秘书将亚森作了简单的介绍，便退了出去。这时，亚森并没有谈生意，却说：“伊士曼先生，我利用等您的时间，仔细观察了您的办公室。我本人长期从事室内的木工装修工作，可从未见过装修得如此精致的办公室。”

伊士曼回答说：“谢谢您的夸奖，这间办公室是由我亲自设计的，当初刚建好时我喜欢极了，可是后来一忙，一直都没有机会好好地欣赏一下这个房间。”

亚森走到墙边，用手在护墙板上一擦，说道：“这用的是英国橡木吧！这种橡木的质地是很好的。”

“是的。”伊士曼高兴地站起来说：“这是从英国进口的橡木，是我的一位朋友专程去英国帮我订的货，他是长期研究室内细木的。”

伊士曼和亚森便饶有兴致地谈起来了，时间都过去了快两个小时，原本伊士曼的秘书警告过亚森，会谈不能超过5分钟，可是现在时间远远超过了，而且生意最后谈成了。

思考：

1. 在谈判开局时怎样和客户接近？
2. 谈判开局对于整个谈判的作用是什么？

知识储备

谈判双方在做了各种准备工作之后，就要开始面对面地进行谈判了。谈判过程可能是多轮次的。一般来说，无论谈判过程的时间长短，谈判双方都要各自提出自己的交易条件和意愿，然后就各自希望实现的目标和相互的分歧进行磋商，最后消除分歧达成一致。这个过程依次是：商务谈判开局阶段、商务谈判磋商阶段、商务谈判结束阶段。掌握各阶段的策略，完成每一个环节的任务，顺利实现双方满意的结果，是谈判的重要任务。

一、商务谈判开局阶段

（一）开局阶段的基本任务

商务谈判开局阶段对整个谈判过程起着至关重要的作用，它往往显示双方谈判的诚意和积极性，关系到谈判的格调和发展趋势。一个良好的开局将为谈判成功奠定基础。

这一阶段的目标主要是：对谈判程序和相关问题达成共识；双方人员互相交流，创造友好合作的谈判气氛；双方分别表明己方的意愿和交易条件，摸清对方的情况和态度，为实质性磋商阶段打下基础。为达到以上目标，开局阶段主要有以下三项基本任务。

1. 谈判通则的协商

谈判通则的协商主要包括“4P”，即成员（Personalities）、目的（Purpose）、计划（Plan）及进度（Pace）四个方面内容。

谈判双方初次见面，要互相介绍参加谈判的人员，包括姓名、职务和谈判角色等情况。然后双方进一步明确谈判要达到的目标，这个目标应该是双方共同追求的合作目标。同时，双方要磋商确定谈判的大体议程和进度，以及需要共同遵守的纪律和共同履行的义务等。谈判通则协商的目的是谈判双方友好接触，统一共识，明确规则，安排议程，掌握进度，争取成功。

2. 营造适当的谈判气氛

谈判气氛会影响谈判人员的情绪和行为方式，进而影响到谈判的发展。谈判气氛受多种因素的影响，其中，谈判人员的主观因素对谈判气氛的影响是最直接的。在商务谈判开局阶段，一项重要任务就是发挥谈判人员的主观能动性，营造良好的谈判气氛。

谈判气氛的形成一般依赖于双方相互介绍、寒暄以及双方接触时的表情、姿态、动作和说话的语气等。谈判气氛的营造既表达出双方谈判人员对谈判的期望，也表达出谈判的策略、特点，因此是双方相互摸底的重要信息。

3. 开场白和报价

（1）双方各自陈述己方的观点和愿望：首先，陈述己方对问题的理解，即己方认为谈判应涉及的问题及问题的性质、地位，己方希望取得的利益和谈判的立场。陈述的目的是使对方理解己方的意愿，既要体现一定的原则性，又要体现合作性、灵活性。然后，双方各自提出各种设想和解决问题的方案，并观察双方合作的可靠程度，设想在符合商业准则的基础上寻求实现双方共同利益的最佳途径。

（2）在陈述的基础上进行报价：报价就是双方各自提出自己的交易条件，是各自立场和利益需求的具体表现。报价分为狭义报价和广义报价。狭义报价是指一方向另一方提出希望成交的具体价格；广义报价是指一方向另一方提出包括具体价格在内的一揽子要求。报价既要考虑对己方最为有利，又要考虑成功的可能性。报价要准确清楚，双方不受对方报价的影响，可以按照自己的意图进行报价。报价的目的是了解双方的具体立场和条件，了解双方存在的分歧和差距，为进行磋商准备条件。

（二）谈判开局气氛的营造

谈判气氛的营造应该服务于谈判的方针和策略，服务于谈判各阶段的任务，应该有利于谈判目标的实现。谈判气氛在具有不同特点的谈判过程中是不一样的，即使在一个谈判的过程中，外界因素发生了改变，也会使谈判气氛发生微妙的改变。

谈判气氛多种多样，有热烈的、积极的、友好的，也有冷淡的、对立的、紧张的；有平静的、严肃的，也有松懈的、懒散的；还有介于以上几种谈判气氛之间的自然气氛。而商务谈判开局阶段气氛的营造更为关键。因为这一阶段的气氛会直接影响到双方是否有一个良好的开端。一般来说，开局气氛如果是冷淡的、对立的、紧张的或松懈的，都不利于谈判的成功。谈判开局气氛也不大可能一下就变得热烈、积极。什么样的开局气氛是比较好的呢？根据开局阶段的性质、地位以及进一步磋商的需要，开局气氛应该具有以下几个特点。

1. 礼貌尊重的气氛

谈判双方在开局阶段要营造出一种尊重对方、彬彬有礼的气氛。开局阶段谈判可以有高层领导参加，以示对对方的尊重。谈判人员的服饰、仪表要整洁大方，无论是表情、动作还是说话语气都应该体现出尊重、礼貌。不能流露出轻视对方、以势压人的态度，不能以武断、蔑视或指责的语气讲话，要使双方能够在文明礼貌、相互尊重的气氛中开始谈判。

2. 自然轻松的气氛

开局初期常称为“破冰”期。谈判双方抱着各自的立场和目标坐到一起谈判，极易出现冲突和僵持。如果一开局，气氛就非常紧张、僵硬，可能会过早地造成情绪激动和对立，使谈判陷入僵局。过分的紧张和僵硬还会使谈判人员的思维偏激、固执和僵化，不利于细心分析对方的观点，不利于灵活地运用谈判策略。所以，谈判人员在开局阶段首先要营造一种平和、自然、轻松的气氛。

3. 友好合作的气氛

开局阶段要使双方有一种“有缘相识”的感觉，双方都愿意友好合作，都愿意在合作中共同受益。谈判双方实质上不是对手，而是伙伴。基于这一点，营造友好合作的气氛并不仅仅是出于谈判策略的需要，更重要的是双方长期合作的需要。尽管随着谈判的进行会出现激烈的争辩或者矛盾冲突，但是双方是在友好合作的气氛中去争辩，不是越辩越远，而是越辩越近。热情的握手、热烈的掌声、信任的目光以及自然的微笑都是营造友好合作气氛的手段。

4. 积极进取的气氛

在谈判过程中，谈判人员都肩负着重要的使命，要付出巨大的努力去完成各项重要任务，双方都应该在积极进取的气氛中认真工作。谈判人员要准时到达谈判场所，仪表要端庄整洁，精力要充沛，充满自信，发言要响亮有力，要表现出追求进取、追求效率、追求成功的决心，不论有多大分歧，有多少困难，相信一定会获得双方都满意的结果。谈判在这样一种积极进取、追求效率的气氛中开始。

（三）商务谈判开局策略

营造适当的谈判气氛实质上是为实施谈判开局策略打下基础。商务谈判开局策略一般包括以下几个方面。

1. 协商式开局策略

协商式开局策略是指以协商、肯定的语言进行陈述，使对方对己方产生好感，创造双方对谈判的充分理解，使双方在友好、愉快的气氛中展开谈判工作。

协商式开局策略比较适用于实力相近，过去没有商务往来经历的双方。双方第一次接触都希望有一个良好的开端。要多用礼貌语言，谈论中性话题，使双方在平等、合作的气氛中开局。

2. 坦诚式开局策略

坦诚式开局策略是指以开诚布公的方式向谈判对手陈述自己的观点或想法，从而为谈判打开局面。它比较适合于有长期业务合作关系的双方，以往的合作双方都比较满意，双方互相又比较了解，不用太多的客套，减少了很多外交辞令，节省了时间，直接坦率地提出自己一方的观点、要求，反而更能使对方对己方产生信任感。

3. 谨慎式开局策略

谨慎式开局策略是指以严谨、凝重的语言进行陈述，表达出对谈判的高度重视和鲜明的态度，目的在于使对方放弃某些不适当的意图，以达到把握谈判的目的。

谨慎式开局策略适用于谈判双方有过商务往来，但对方曾有过不太令人满意的表现，己方要通过严谨、慎重的态度，引起对方对某些问题的重视。例如，可以对过去双方业务关系中对方的不妥之处表示遗憾，并希望通过本次合作能够改变这种状况；可以提出一些礼貌性的问题来考察对方的态度、想法，不急于拉近关系，注意与对方保持一定的距离。这种策略也适用于己方对谈判对手的某些情况存在疑问，需要经过简短的接触摸底。当然，谨慎并不等于没有谈判诚意，也不等于冷漠和猜疑，这种策略正是为了寻求更有效的谈判成果而使用的。

4. 进攻式开局策略

进攻式开局策略是指通过语言或行为来表达己方强硬的姿态，从而获得谈判对手必要的尊重，并借以制造心理优势，使谈判顺利进行下去。这种进攻式开局策略只有在特殊情况下使用。例如，发现谈判对手居高临下，以某种气势压人，有某种不尊重己方的倾向，如果任其发展下去，对己方是不利的，因此要变被动为主动，不能被对方的气势压倒。采取以攻为守的策略，捍卫己方的尊严和正当权益，使双方站在平等的地位上进行谈判。进攻式开局策略要想运用得好，必须注意有理、有利、有节，不能使谈判一开始就陷入僵局。要切中问题要害，对事不对人，既表现出己方的自尊、自信和认真的态度，又不能咄咄逼人，使谈判气氛过于紧张，一旦问题表达清楚，对方也有所改观，就应及时调节一下气氛，使双方重新建立起一种友好、轻松的谈判气氛。

二、商务谈判磋商阶段

（一）商务谈判磋商准则

1. 把握气氛准则

进入磋商阶段之后，谈判双方要针对对方的报价进行讨价还价。双方之间难免要出现提问和解释、质疑和表白、指责和反击、请求和拒绝、建议和反对、进攻和防守的现象，甚至会发生激烈的辩论和无声的冷场。因此，在磋商阶段谈判双方仍然要把握好谈判气氛。如果双方突然收起微笑，面部表情严肃冷峻，语言生硬激烈，使谈判气氛一下子变得紧张对立起来，就会令人怀疑开局阶段友好真诚的态度是装出来的，双方产生不信任感。所以磋商阶段尽管争论激烈，矛盾尖锐，但谈判双方仍然要保护已经营造出来的良好的合作气氛。只有在这种良好的合作气氛中，才能使磋商顺利进行。

2. 次序逻辑准则

次序逻辑准则是指把握磋商议题内含的客观次序逻辑，确定谈判目标启动的先后次序与谈判进展的层次。

在磋商阶段中，双方都面临着许多要谈的议题，如果不考虑磋商进展的层次，就会毫无头绪，毫无效率。因此，双方要通过磋商确定几个重要的谈判议题，按照其内在逻辑关系排列先后次序，然后逐题磋商。可以先磋商对后面议题有决定性影响的议题，此议题达成共识再讨论后面的问题。也可以先对双方容易达成共识的议题进行磋商，将双方认识差距较大、问题比较复杂的议题放到后面去磋商。

3. 掌握节奏准则

磋商阶段的谈判节奏要稳健，不可过于急促。一般来说，开始磋商时节奏要相对慢些，双方都需要时间和耐心倾听对方的观点，了解对方，分析研究分歧的性质和解决分歧的途径。谈判人员要善于掌握节奏，不可急躁，要稳扎稳打，步步为营。一旦出现转机，要抓住有利时机不放，加快谈判节奏，不失时机地消除分歧，争取达成一致意见。

4. 沟通说服准则

磋商阶段实质上是谈判双方相互沟通、相互说服、自我说服的过程。没有充分的沟通，没有令人满意的说服，不会产生积极成果。

首先，双方要善于沟通，这种沟通应该是双向的和多方面的。双方既要善于传播己方的信息，又要善于倾听对方的信息，并且积极向对方反馈信息。没有充分的交流沟通，就会在偏见和疑虑中产生对立情绪。沟通内容应该是多方面的，既要沟通交易条件，又要沟通相关的理由、信念和期望，还要交流情感。

其次，双方要善于说服，要充满信心地去说服对方，让对方了解你并非是“取”，而是“给”，要让对方真正感觉到赞成你是最好的决定。说服准则是从“求同”开始的，解决分歧，达到最后的“求同”。“求同”既是起点，又是终点。

（二）商务谈判让步策略

在商务谈判磋商阶段，对己方条件作一定的让步是双方必然的行为。如果谈判双方都坚持自己的阵线而不后退半步的话，谈判永远也达不成协议，谈判追求的目标也就无法实现。谈判双方要明确各自要达到的最终目标，同时还必须明确为达到这个目标可以或愿意作出哪些让步及让步的幅度。让步本身就是一种策略，它体现着谈判人员用主动满足对方需要的方式来换取己方需要的精神实质。如何运用让步策略，是磋商阶段最为重要的事情。

1. 于己无损策略

当谈判对手就一个交易条件要求己方作出让步时，在己方看来其要求确实有一定的道理，但是己方又不愿意在这个问题上作出实质性的让步，可以采用于己无损策略。

假如你是一个卖方公司，不愿意在价格上作出让步，你可以在以下几个方面作出无损让步：

1）向对方表示本公司将提供质量可靠的一级产品。

2）向对方提供比其他公司更加周到的售后服务。

3）向对方保证给予其待遇将是所有客户中最优惠的。

4）在交货时间上充分满足对方的要求。

这种无损让步目的是在保证己方实际利益不受损害的前提下使对方得到一种心理平衡和情感愉悦，避免对方纠缠某个问题迫使己方作出有损实际利益的让步。

2. 以攻对攻策略

以攻对攻策略是指己方让步之前向对方提出某些让步要求，将让步作为进攻手段，变被动为主动。当对方就某一个问题逼迫己方让步时，己方可以将这个问题与其他问题联系在一起加以考虑，在相关问题上将对方的让步作为己方让步的条件，从而达到以攻对攻的效果。

例如，在货物买卖谈判中，当买方向卖方提出再一次降低价格的要求时，卖方可以要求买方增加购买数量，或是承担部分运输费用，或是改变支付方式，或是延长交货期限等。这样一来，如果买方接受卖方的条件，卖方的让步也会得到相应的补偿；如果买方不接受卖方提出的相应条件，卖方也就有理由不作让步，使买方不好再逼迫卖方让步。

3. 强硬式让步策略

强硬式让步策略是指一开始态度强硬，坚持寸步不让的态度，到最后时刻一次让步到位，促成交易。

这种策略的优点是起始阶段坚持不让步，向对方传递己方的坚定信念，如果谈判对手缺乏毅力和耐心，就可能被征服，使己方在谈判中获得较大的利益。在坚持一段时间后，一次让出己方的全部可让利益，对方会有“来之不易”的获胜感，会特别珍惜这种收获，不失时机地握手成交。其缺点是由于在开始阶段一再坚持寸步不让的策略，则可能失去合作伙伴，具有较大的风险性，也会给对方造成没有诚意的印象。因此，这种策略适用于在谈判中占有优势的一方。

4. 坦率式让步策略

坦率式让步策略是指以诚恳、务实和坦率的态度，在谈判进入让步阶段后一开始就亮出底牌，让出全部可让利益，以达到以诚致胜的目的。

该策略适用于在谈判中处于劣势的一方或是谈判双方之间的关系比较友好，以一开始作出较大让步的方法感染对方，促使对方以同样友好、坦率的态度作出让步。使用这一策略要依据实际情况，充分把握信息和机遇，保证主动让步之后己方能得到关系全局的重大利益。

5. 稳健式让步策略

稳健式让步策略是指以稳健的姿态和缓慢的让步速度，根据谈判进展情况分段作出让步，争取较为理想的结果。谈判人员既不坚持强硬的态度，寸利不让，也不过于坦率，一下子让出全部可让利益。既有坚定的原则立场，又给对方一定的希望。每次都作一定程度的让步，但是让步的幅度要根据对方的态度和形势的发展灵活掌握。有可能每次让步幅度是一样的，有可能让步的幅度越来越小，也有可能幅度起伏变化，甚至最后关头又反弹回去。

这种策略的运用需要较强的灵活性，通过随时观察对方的反应来调整己方的让步策略。商务谈判多数情况习惯运用这种策略。

三、商务谈判僵局的处理

谈判僵局出现后对谈判双方的利益和情绪都会产生不良影响。谈判僵局会有两种后果：打破僵局继续谈判或谈判破裂。当然，后一种结果是双方都不愿看到的。因此，了解谈判僵局出现的原因，避免僵局出现，一旦出现僵局能够运用科学有效的策略和技巧打破僵局，重新使谈判顺利进行下去，就成为谈判人员必须掌握的重要技能。

（一）谈判僵局产生的原因

1. 立场观点的争执

双方各自坚持自己的立场观点而排斥对方的立场观点，形成僵持不下的局面。这种僵局处理不好就会破坏谈判的合作气氛，浪费谈判时间，甚至伤害双方的感情，最终使谈判走向破裂的结局。

2. 面对强迫的反抗

一方向另一方施加强迫条件，被强迫的一方越是受到逼迫，就越不退让，从而形成僵局。一方占有一定的优势，以优势者自居，向对方提出不合理的交易条件，强迫对方接受，否则就威胁对方。被强迫一方出于维护自身利益或维护尊严的需要，拒绝接受对方强加于己方的不合理条件。这样双方僵持不下，使谈判陷入僵局。

3. 信息沟通的障碍

由于双方文化背景差异会造成的观念障碍、习俗障碍和语言障碍，由于知识结构、教育程度差异会造成的问题理解差异，由于心理、性格差异会造成的情感障碍，由于表达能力、表达方式的差异会造成的传播障碍，这些信息沟通障碍使谈判双方不能准确、真实、全面地进行信息、观念和情感的沟通，甚至会产生误解和对立情绪，使谈判不能顺利地进行下去。

4. 谈判者行为的失误

谈判者行为的失误常常会引起对方的不满，使其产生抵触情绪和强烈的对抗，使谈判陷入僵局。例如，个别谈判人员的工作作风、礼节礼貌、言谈举止及谈判方法等方面出现严重失误，触犯了对方的尊严或利益，就会产生对立情绪，使谈判很难顺利进行下去，造成很难堪的局面。

5. 偶发因素的干扰

在商务谈判所经历的一段时间内有可能出现一些偶然发生的情况。当这些情况涉及谈判某一方的利益得失时，谈判就可能会由于这些偶发因素的干扰而陷入僵局。

例如，在谈判期间外部环境发生突变，某一方如果按原有条件谈判就会蒙受利益损失，于是该方便会推翻已作出的让步，从而引起对方的不满，使谈判陷入僵局。由于谈判不可能处于真空地带，谈判人员随时都要根据外部环境的变化而调整自己的谈判策略和交易条件，因此这种僵局的出现也就不可避免了。

（二）打破谈判僵局的策略与技巧

1. 回避分歧，转移议题

当双方因对某一议题产生严重分歧都不愿意让步而陷入僵局时，可以回避有分歧的议题，换一个新的议题与对方谈判。这样做有两点好处：一是可以争取时间先进行其他问题的谈判，避免长时间的争辩耽误宝贵的时间；二是当其他议题经过谈判达成一致之后，对有分歧的议题会产生正面影响，再回过头来谈有分歧的议题时，气氛会有所好转，思路会变得开阔，问题的解决会比以前容易得多。

2. 尊重客观，关注利益

谈判双方由于主观认识的差异而使谈判陷入僵局时，首先要克服主观偏见，从尊重客观的角度看问题，关注企业的整体利益和长远目标，而不要一味追求胜负；其次，客观地评价双方的立场和条件，充分考虑对方的利益要求和实际情况，认真冷静地思索己方如何才能实现比较理想的目标。这样才能静下心来面对客观实际，为实现双方共同利益而设法打破僵局。

3. 多种方案，选择替代

谈判中往往存在多种满足双方利益的方案。在谈判准备期间就应该准备出多种可供选择的方案。一旦一种方案遇到障碍，就可以提供其他的备用方案供对方选择，使“山重水复疑无路”的局面转变成“柳暗花明又一村”的好形势。谁能够创造性地提供可选择的方案，谁就能掌握谈判的主动权。

4. 尊重对方，有效退让

当谈判双方因互不相让而陷入僵局时，谈判人员应该明白，坐到谈判桌上的目的是为了达成协议，实现双方共同的利益，如果促使合作成功所带来的利益大于固守己方立场导致谈判破裂带来的利益，那么退让就是聪明有效的做法。

5. 冷调处理，暂时休会

首先，休会以后双方情绪平稳下来，可以冷静地思考一下双方的差距究竟是什么性质的，对前一阶段谈判进行总结，考虑一下僵局会给己方带来什么利益损害，环境因素有哪些发展变化，谈判的紧迫性如何等。其次，可以在休会期间向上级领导作汇报，请示一下高层领导对处理僵局的指导意见，对某些让步策略的实施授权给谈判人员，以便谈判人员采取下一步的行动。再次，可以在休会期间让双方高层领导进行接触，融洽一下双方僵持对立的关系；或者组织双方谈判人员参观游览，参加其他娱乐活动。在活动中，双方在轻松愉快的气氛中进行无拘无束的交流，进一步交换意见，重新营造友好合作、积极进取的谈判气氛。经过一段时间的休会，当大家再一次坐到谈判桌上的时候，原来僵持对立的问题会比较容易沟通和解决，僵局也就随之被打破。

6. 以硬碰硬，据理力争

当对方提出不合理条件，制造僵局，给己方施加压力时，特别是在一些原则问题上表现得蛮横无理时，要以坚决的态度据理力争。这种方法首先要体现出己方的自信和尊严，不惧怕任何压力，追求平等合作的原则；其次要注意表达的技巧性，用绵里藏针、软中有硬的方法回击对方，使其自知没趣，主动退让。

7. 孤注一掷，背水一战

当谈判陷入僵局而又没有其他方法解决的情况下，该策略往往是最后一个可供选择的策略。在作出这一选择时，己方必须做好最坏的打算，做好承受谈判破裂的心理准备。因为一旦对方不能接受己方条件，就有可能导致谈判破裂。在己方没有作好充分的准备时，或在己方没有多次努力尝试其他方法打破僵局时，不能贸然采用这一策略。这种策略使用的一个前提条件是己方的要求是合理的，而且没有退让的余地，因为再退让就损害了己方的根本利益；另一个前提条件是己方不怕谈判破裂，不会用牺牲企业利益的手段去防止谈判破裂。如果对方珍惜这次谈判和合作机会，在己方最后摊牌之后有可能选择退让的方案，打破僵局，达成一致的协议。

能力培养与训练

实训活动：模拟商务谈判

【活动目的】

由于本实训内容难度较大，学生需要提前做好充分的准备工作。学生在掌握商务谈判基本流程的基础上，通过模拟谈判来体验商务谈判的过程。

【活动组织】

本实训活动的地点可以选择在多媒体教室。根据给定的商务谈判情景，将学生分成若干小组，即扮演第三方物流公司的谈判团队，扮演购买第三方物流公司服务项目的谈判团队，学生评委及其他学生观众。学生在实训活动开始前根据商务谈判情景准备资料，并设计谈判方案。

【活动步骤】

1．教师介绍本实训活动的内容、要求及注意事项，介绍如下商务谈判情景。

谈判双方：

甲方：武汉××物流公司

乙方：××节能灯具有限公司

谈判背景：

武汉××物流公司欲承接××节能灯具有限公司的节能灯具在武汉市内所有网点的销售配送业务。××节能灯具有限公司在武汉市内的经销网点见表3-4。

表3-4　××节能灯具销售网点分布

网点性质＼网点分布	武　昌	汉　口	汉　阳
专卖店	5家	7家	3家
代理商	10家	15家	5家
超市	4家	6家	2家

××节能灯具有限公司的物流配送要求是：

1）每天早上9点以前完成所有销售网点前一日下达的配送任务。

2）第三方物流公司至少有10辆中型货车、15辆小型货车为其服务。

3）由第三方物流公司先行垫付物流配送费用。

4）物流配送费用每三个月支付一次。

武汉××物流公司经营多年，在市区内的配送能力非常强，该公司拥有各种货车，其中大型货车10辆、中型货车20辆、小型货车30辆，还有方便市区配送的摩托车50辆。为了节约运费、运力，该公司想改用5辆中型货车、10辆小型货车及15辆摩托车为××节能灯具有限公司服务，但为了加快资金回笼，武汉××物流公司不愿意先行垫付过多的物流配送费用，并且希望能够在每月月底收到账款。

双方对彼此都有一定的了解，而且都希望能够达成长期的合作意向。

2．挑选谈判团队人选，完成表 3-5。甲乙双方各由三名谈判人员组成，可以根据需要设置组数。

表 3-5　谈判团队人选

甲方：武汉××物流公司		乙方：××节能灯具有限公司	
主谈判人		主谈判人	
辅谈判人 1		辅谈判人 1	
辅谈判人 2		辅谈判人 2	

3．扮演甲乙双方的同学在队长的带领下，认真分析谈判情景，并结合所学知识设计好开局策略、磋商策略和僵局突破策略等。

4．待模拟谈判完毕后，学生评委需要代表点评，并完成表 3-6。

表 3-6　商务谈判模拟评分表

	甲　方				乙　方			
	背对背演讲	主谈判人	辅谈判人 1	辅谈判人 2	背对背演讲	主谈判人	辅谈判人 1	辅谈判人 2
商务礼仪（20 分，每项 4 分）								
手势合理								
表情适当								
语言流畅								
姿势得当								
总体风貌								
谈判准备（16 分，每项 8 分）								
对议题的理解和把握								
知识和心理的准备程度								
谈判过程（60 分，每项 10 分）								
谈判策略与技巧								
团队配合								
知识丰富、合理运用								
逻辑清晰、思维严密								
语言表述清晰、准确								
把控谈判气氛								
创新能力（4 分）								
总分（100 分）								

5．教师组织模拟谈判。

1）背对背演讲（6 分钟），主要考查学生的调研能力，各组对谈判背景的理解、分析及使用到的知识、方法、战略和战术。

2）开局（8 分钟），主要考查学生如何营造谈判气氛、试探技巧的应用及信息把握能力，鼓励学生多采用多媒体手段和道具。

3）讨价还价阶段（20 分钟），主要考查谈判策略和技巧使用、专业知识和商务礼仪的使用及把握关键性问题的能力。

4）休局（6 分钟），主要考查双方谈判进程的把握、分析及应变能力。

5）成交阶段（10 分钟），主要考查双方的成交技巧。

6）加时（5 分钟）。若双方未能达成交易，则休息一分钟后进行加时赛。

7）学生评委代表点评（3 分钟）。

8）教师总结，并综合点评（5 分钟）。

【活动要求】

本实训活动内容难度较大，需要学生认真学习知识，而且要充分发挥积极性，在教师事先布置预习准备阶段作好充分的资料准备。要发挥团队的力量，努力完成本项实训活动。

【考核要求】

1．对于参与模拟谈判的学生要给以鼓励，并要求其体会谈判的过程，特别是开局气氛营造、磋商阶段的策略、僵局的巧妙处理及交易达成策略等。

2．对于学生观众，要求其认真倾听表演者的发言，观察谈判双方使用的谈判策略，体会谈判过程。

实训评价

被考评人			考评地点			
考评内容						
考评指标		考评标准	分值/分	自我评价/分	小组评议/分	实际得分/分
专业知识技能掌握	商务谈判开局气氛营造	掌握	10			
	商务谈判磋商	掌握	10			
	僵局处理	掌握	10			
	课业完成情况	各项实训活动完成表现	20			
通用能力培养	出勤	按时到岗，学习准备就绪	10			
	道德自律	自觉遵守纪律，有责任心和荣誉感	15			
	学习态度	积极主动，不怕困难，勇于探索	10			
	团队分工合作	能融入集体，愿意接受任务并积极完成	15			
合计			100			
考评辅助项目					备注	
本组之星					两项考评辅助项目是为了激发学生的学习积极性	
组间互评						

注：1．实际得分=自我评价 40%+小组评议 60%。

2．考评满分为 100 分，59 分及以下为不及格；60～74 分为及格；75～84 分为良好；85 分及以上为优秀。

3．“本组之星”可以是本次实训活动中突出贡献者，也可以是进步最大者，同样可以是其他某一方面表现突出者。

4．“组间互评”是由评审团讨论后为各组给予的最终评价。评审团由各组组长组成。当各组完成实训活动后，各组组长先组织本组内部进行商议，然后各组组长将意见带至评审团，评价各组整体工作情况，将各组互评分数填入其中。

第四单元　初识第三方物流合同

4

第三方物流企业与其客户的商务谈判完成后，双方在谈判桌上达成的一致协议就应该以书面、正式的形式确定下来，并用法律程序保护双方的责任、权利和义务。这就进入了商务活动的下一个阶段——签订合同。本单元是商务谈判的延续，应该认识到物流合同对合作双方的重要性，了解第三方物流合同的撰写方法，初步体验如何布置签订合同的场所，并且了解签订合同过程中的有关礼仪。

任务一　感知第三方物流合同

任务描述

对第三方物流企业而言，与客户签订的物流合同是其业务操作最基本的法律依据和行为指南。对物流合同忠诚地执行是第三方物流企业提供优质物流服务的先决条件。

任务目标

➲ 技能学习目标

1. 能够分清合同的主要结构。
2. 能够看懂物流合同的主要内容，明确合同双方的权利、义务。
3. 能够根据实际情况对第三方物流合同进行分析。

➲ 情感学习目标

1. 愿意以主人翁的姿态投入到实训活动之中。
2. 愿意不断思考并发现问题、提出问题、解决问题。
3. 勇于表达自己的观点，积极参与讨论，善于与他人合作。

情景导入

在一项快递货运业务中，福建一家汽配公司上万元的货物被烧毁。由于该汽配公司与承运方在签订合同时没有签订保价协议，导致该汽配公司仅获得了 90 元的赔偿。类似这种赢了官司赔了钱的事例在物流交易中并不少见。归根结底，是由于在签署物流合同时交易一方或双方缺乏自我保护意识，对规范的合同条款不了解、不明确，在真正需要保护时合同却成了一纸空文。

思考：

1. 这家汽配公司与快递公司为什么要签订合同？
2. 这家汽配公司为什么会“赢了官司赔了钱”？
3. 如果你是这家汽配公司的负责人，你将如何与物流承运方签订合同？

知识储备

一、第三方物流合同的概念及特征

第三方物流的一个重要特点就是物流服务关系的合同化。第三方物流通过合同的形式来规范物流服务提供方和物流服务接受方之间的关系。物流服务提供方根据合同的要求，提供多功能直至全方位一体化的物流服务，并依照合同来管理其提供的所有物流服务活动及过程，因此第三方物流又叫合同制物流或契约物流。开展第三方物流活动就需要订立第三方物流合同。

所谓第三方物流合同，就是在第三方物流服务活动的当事人之间设立、变更、终止权利义务关系的协议。第三方物流合同所涉及的运输、储存、包装、装卸、搬运和配送等物流服务合同，本质上属于民商事合同，但与一般的民商事合同相比，第三方物流合同又具有以下几个特征，如图 4-1 所示。

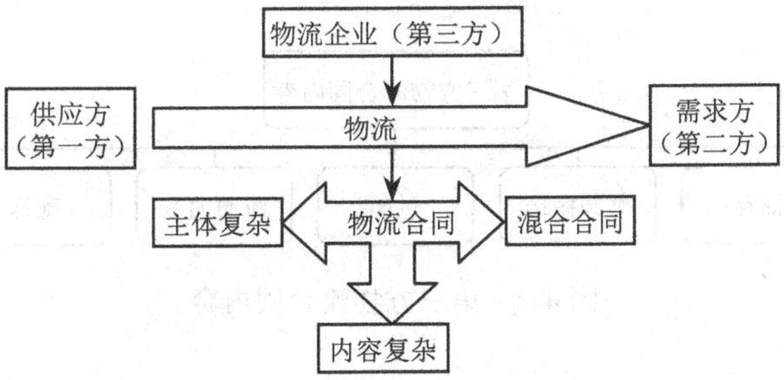

图 4-1　第三方物流合同的特征

1. 第三方物流合同的主体相对复杂

第三方物流合同中的主体包括以下几类：

（1）物流服务提供者：它是物流合同中主要的一方，一般是第三方物流的专业经营者。

（2）物流服务需求者：它是物流合同中的另一方，主要包括各种工业企业、批发零售企业及贸易商等。

（3）物流活动的实际履行者：物流服务需求者和提供者是第三方物流合同的基本主体，但物流服务提供者有时会把海运、陆运、通关、仓储及装卸等环节的一部分或全部分包给其他机构，委托它们完成相关业务，使其参与物流合同的实际履行。如运输企业、港口作业企业、仓储企业、加工企业等，物流合同的实际履行者成为第三方物流法律关系不可或缺的主体。

2. 第三方物流合同的内容具有广泛性和复杂性

在物流的现代化发展过程中，提供第三方物流服务的企业从简单的存储、运输等单项活动转为提供全面的物流服务，其中包括物流活动的组织、协调和管理，设计最优物流方案，物流全程信息的搜集、管理等。

提供第三方物流服务的企业大体上可以分为资产型物流公司和非资产型物流公司。资产型物流公司又有以提供运输服务为主和提供仓储服务为主等不同类型；非资产型物流公司又有以提供货运代理为主、提供信息和系统服务为主以及提供增值服务为主等不同类型，如图4-2 所示。业务的专业化和多样化使得第三方物流合同的内容大多涉及运输、储存、装卸搬运、包装、流通加工、配送和信息处理等诸多环节，如图 4-3 所示。合同当事人的权利义务关系也因此呈现出多样性、广泛性和复杂性等特点。

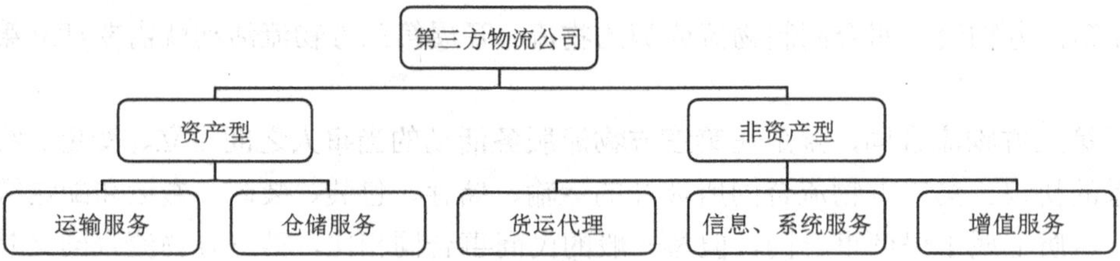

图 4-2 第三方物流企业类型

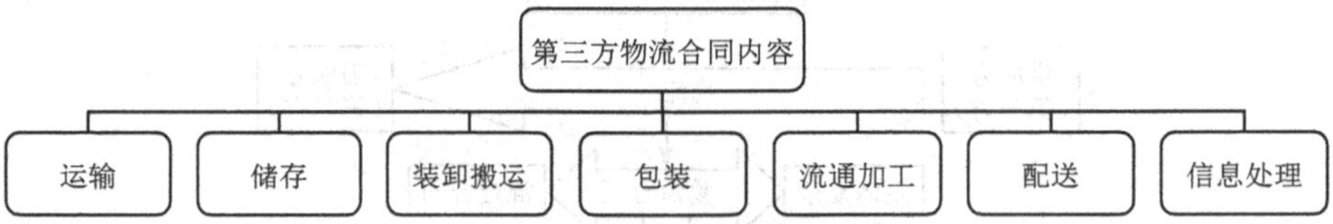

图 4-3 第三方物流合同内容

3. 第三方物流合同通常是具有混合合同特征的无名合同

单一的物流合同在性质上容易确定，如纯粹的运输合同法律关系或仓储合同法律关系，其合同名称就是运输合同或仓储合同，属于有名合同。

然而，第三方物流合同往往是综合的物流合同，是集运输合同、委托合同、仓储合同和加工合同等各种合同于一身的混合合同。第三方物流合同特别是综合的物流合同，其法律性质应该是具有混合合同特征的无名合同。

资料卡

《中华人民共和国合同法》并没有物流合同的概念和相关规定。在《中华人民共和国合同法》分则中，分别对15类有名合同作了规定，包括涉及物流服务关系的运输合同、保管合同、仓储合同、委托合同、承揽合同等。虽然物流活动大多还是体现在运输方面，但物流合同往往超出了运输合同的范围，如合同中要求物流企业对委托托运的货物进行包装修补及集装箱拼箱、装箱、拆箱。这时物流企业与客户的合同就有了加工承揽的性质与特点，远不是运输合同所能涵盖的。

二、第三方物流合同的撰写

小知识

合同条款表述的要求有：

1）意思准确，无歧义，无矛盾。

2）可操作，可执行。

3）各方权利义务、交易程序清晰明了。

4）主次分明，行文简洁，条理清晰。

1. 制订合同条款

在订立合同时，可以按照以下步骤来进行：

1）确定交易或合作的主要内容。

2）以时间发展为线索，确定双方交易或合作的过程。

3）分析己方和对方在本次交易中的核心利益。

4）分析可能出现的问题与规范方法。

5）制作合同条款提纲。

6）制作正式合同文本。

2. 第三方物流合同的主要结构及内容

虽然第三方物流企业可以为客户提供的物流服务项目范围较广，但是合同的结构却大体一致。合同一般由约首、正文和约尾三部分构成，如图4-4所示。其中，正文是合同最重要的部分。

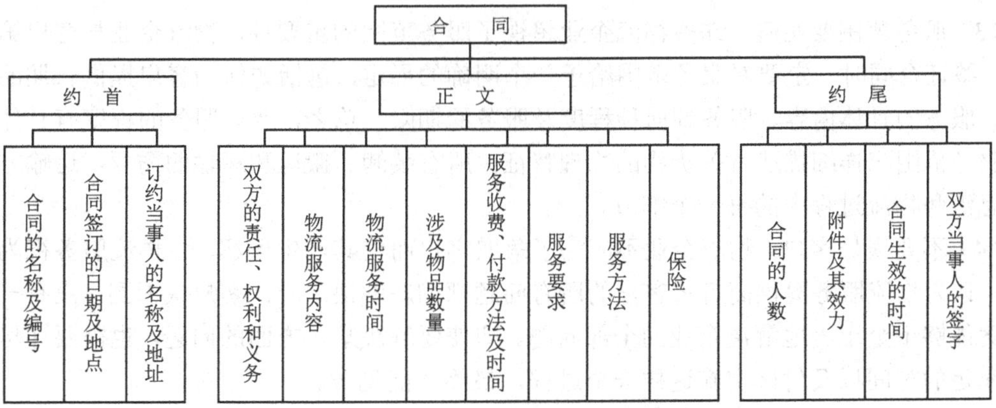

图4-4　合同的结构

第三方物流合同中应包含的基本内容有：

1）物流服务需求方和物流服务提供方的公司名称。

2）双方的责任、权利和义务。

3）物流服务内容。具体的内容视物流服务需求方对物流服务的需要而定，如果有其他特殊的要求应说明清楚。

4）物流服务时间，即合同的起止时间，也就是双方合作的时间期限。

5）涉及物品数量，主要是指物流服务涉及客户的相关产品。

6）服务收费、付款方法及时间，包括仓储费用、运输费用、收费标准、付款方式和时间、总体费用方案等。

7）服务要求，包括对物流服务的质量、产品的包装、服务的验收方法等。

8）服务方法，包括采用的设施、工具、运输方式和交货方式等。

9）违约经济责任及处理。

以上基本内容必须详细而具体，措辞要严密谨慎，以免因出现误解而造成双方合作上的矛盾。

3. 撰写第三方物流合同的注意事项

企业在签订合同时应注意以下几个方面。

（1）所签合同要合理：合同中要考虑双方的利益，达到双赢的目标。如果只考虑一方赚钱，而使另一方无利可图，这样的合同即使签订下来，履约中也会出现各种问题。实践证明，如双方的理念一致，所签合同的目标相同，履约中一般就不会产生什么问题，即使有问题也较容易解决。

（2）所签合同要完善：物流服务提供商与客户签订合同是一个非常复杂的过程，任何一方如果在签约前考虑不周或者准备不足，都有可能在未来执行合同中出现问题。此外，合同的执行标准及衡量标准是客户与物流服务提供商在签约时首先应协商解决的问题。但在实践中，大多数合同根本未对此作出规定，导致双方在执行合同或对所提供的服务方面产生争议。

（3）服务范围要明确：许多物流企业忽视了服务范围的重要性。物流企业与客户第一次合作，签订合同时一定要对服务范围给予一个明确的界定，包括如何为客户提供长期的物流服务、服务的具体内容、服务到何种程度及服务的期限。总之，要对服务的程度有具体的规定。服务范围应详细描述有关货物的物理特征，所有装卸、搬运和运输的需要，运输方式以及信息流和物流过程中的每一个细节。

（4）不要误导客户：物流企业不应为了争取客户而使其产生误解，将物流服务视为灵丹妙药，认为物流服务提供商可将客户的所有问题都彻底解决。应让客户认识到，没有一个物流方案能够十全十美地解决企业的全部问题。即使要解决某一方面的问题，也需要详尽的策划、充足的时间以及付诸实施这样一个过程，最终才能见效。

（5）避免操之过急：许多企业在尚未作好任何准备的情况下，就去寻求物流企业的帮助，并对物流服务提供商寄予过高的期望而匆匆签约，或许它们有太多的迫在眉睫需要解决的问题，但这样做的结果往往会带来忙中必然出错的后果。

（6）合同具有可行性：对于专业性要求较强的企业，签约前应向有关专家咨询，甚至请他们参与谈判，分析企业生产、管理的特殊性、特殊要求及需要特别注意的问题，避免留下难以弥补的后患。对于物流服务提供商经过努力仍无法做到的方面，千万不要轻易承诺。

（7）必须考虑经济性：物流企业所期望达到的服务水平与其付出的成本有很大程度的正向关联性。因此，一个完善的战略的形成，需要具有对未实现方案的服务水平所需成本的估算能力。

（8）条款要有可塑性：物流企业在签订协议时要掌握好一种尺度，即达到何种水平。比较好的尺度是，将合同定为中间性的、可改进的方案，以便为今后几年留出调整、改进的余地。合同条款要有保护措施，轻易不要订立那种没有除外责任条款、责任限额条款的合同，否则可能会得不偿失。轻易不要承担严格责任制条款，而要争取过失责任制条款。

能力培养与训练

实训活动一：认识合同

【活动目的】

通过理论学习，学生能够认识合同的结构，指出合同的约首、正文和约尾，说出合同正文所包含的基本内容。

【活动组织】

将班级同学分成若干小组。在组长的带领下，全组成员共同学习，完成本实训活动。

【活动步骤】

1．教师根据以下合同范本，介绍本实训活动的内容、要求及注意事项。

货物配送合同书

甲　　方：________________________

地　　址：________________________

乙　　方：________________________

地　　址：________________________

根据《中华人民共和国合同法》，本着互利互惠的原则，就甲方委托乙方配送货物事宜，为了明确双方的责任，经双方协商，特签订本合同。

第一条　运输货物（名称、规格、数量）。严禁运输国家禁运、易燃、易爆物品

编　号	品　名	规　格	单　位	单　价	数　量

第二条　包装要求

甲方必须按照国家主管机关规定的标准包装货物，没有统一规定包装标准的，应根据保证货物运输安全的原则进行包装，否则乙方有权拒绝承运。

第三方　配送区域

________________________地区及省内各市县城。

第四条　合同期限

一年，从______年____月____日至______年____月____日，合同期满后，经双方就合同约定价格再行协商，在同等条件下优先续签。

第五条　运输质量及安全要求

乙方必须用符合甲方配送货要求的车辆，为甲方实行优质、快捷、安全的 B2B 配送货服务。保证甲方的货物按规定要求、时间，保质保量地配送至目的地。每天运输前双方议定运输重量，超重时价格另定。

第六条　货物装卸责任

货物的装车工作由乙方负责，卸车工作由收货人负责，在装卸过程中发生的一切责任由装、卸方承担。

第七条　收货人领取货物及验收办法

收货人凭有效证件、单据（或凭据）与乙方对证验收，领取货物。

第八条　收费标准与费用结算方式

甲方收到乙方所提供的符合本合同约定的单据后，在每月 15 日结算上月的费用。

第九条　双方的权利和义务

一、甲方的权利与义务

1. 甲方的权利

（1）负责将货物配齐，要求乙方按照约定的时间、地点、收货人，把货物配送到目的地。配送通知发乙方后，甲方需变更到货地点、收货人或者取消通知时，有权向乙方提出，但必须在货物未运到目的地之前，并应按有关规定付给乙方费用。

（2）有权对乙方的配送货过程进行监督、指导。

（3）委托的货物应遵守国家有关法律的规定，并符合包装标准。

2. 甲方的义务

（1）按约定时间向乙方交付配送费用。

（2）应向乙方提供有关配送货业务的相应单据文件（包括产品、型号、数量、客户准确地址及电话号码、联系人等)。

(3)指派专人负责与乙方联系，并协调配送货过程中的有关事宜。

(4)合同期内，乙方是甲方省内区域(包括市郊)的唯一配送商，未经乙方同意，甲方不得另寻配送商，否则，乙方可解除合同。

二、乙方的权利和义务

1. 乙方的权利

向甲方收取配送费用。查不到收货人或收货人拒绝领取货物时，乙方及时与甲方联系，在规定期限内负责保管并有权向甲方收取保管费用。

2. 乙方的义务

(1)根据甲方的业务需要与发展，提供相应的运输能力，即提供不同的厢车。

(2)在约定的时限内(见下表)，将货物运到指定的地点，按时向收货人发出货物到达的通知。对托运的货物要负责安全，保证货物无短缺、无损坏。在货物到达以后，按规定的期限负责保管。

到达时间标准表

地　　区	标准时间/h
地区	6
省内各市县城	24

注：当天配送货物都按当天 18:00 开始计算。

(3)乙方应在甲方指定的地点提取货物，在装货过程中，乙方的驾驶员应负责进行监装，对装货过程中的不当操作有责任指出并纠正，乙方将货物送往甲方指定的目的地和收货人，由收货人、乙方司机双方签字盖章确认。交货时如发现产品损坏或产品、数量、型号、规格不符等问题，乙方应要求收货人注明，收货人所盖印章应为商家签订的配送委托书规定的公章或收货专用章，乙方凭甲方认可的配送反馈单与甲方进行结算。

第十条 违约责任

一、甲方责任

(1)不按时与乙方结算配送费用，每超一天偿付给乙方当月结算费用 1%的违约金，但由于乙方提供的结算单据不及时除外。

(2)因甲方原因，造成乙方的承运车不能及时返回，甲方应根据当次加付运费 10%作为补偿金(规定卸货时间为 2 小时)。

(3)甲方有责任为乙方营造良好的服务环境，如甲方员工在货物配送过程中发生以下现象之一的，甲方应向乙方支付违约金________元/次：①不按预约时间装卸货物。②装卸货物当中有野蛮装卸行为，乙方指出后，甲方工作人员不及时更改。③甲方协调不到位，造成乙方被投诉。④甲方发错货，造成乙方承运货物到达商场后，商场拒收，返程运费由甲方支付。

（4）由于在货物中夹带、匿报危险货物，而招致货物破损、爆炸，造成人身伤亡的，甲方应承担由此造成的一切责任。

二、乙方责任

（1）乙方送货到达时间每晚于规定时间一天，应向甲方支付当次运输费10%的违约金（阻车、修路、交通管制除外）。因乙方原因致使送达目的地错误，应自费将货物送达甲方要求的目的地，因此给甲方造成的损失由乙方负责赔偿。

（2）经双方确认，货物在运输途中造成的破损、遗失、短缺等任何损失，由乙方负责赔偿，赔偿值按批发价计算，且乙方不得擅自拆除货物并重新包装，因以上原因造成甲方违约或其他损失的，由乙方负责赔偿。

（3）乙方有责任为甲方提供优质服务，如乙方员工在货物配送过程中发生以下现象之一的（属于乙方责任造成的），乙方应向甲方支付违约金200元/次，同时乙方应继续履行合同：①不按时运送货物，造成用户投诉。②在运输过程中，损坏货物并强行留给用户，造成用户投诉。③在装卸货物中，司机刁难用户，造成用户投诉。④在运送过程中，送错货物，造成用户投诉。

（4）在符合法律和合同规定条件下的运输，由于下列原因造成货物灭失、短少、损坏的，乙方不承担违约责任：①不可抗力。②货物本身的自然属性。③甲方或收货人本身的过错。

三、其他

（1）甲方仅支付乙方运费。在运输途中发生的其他一切费用（如过路、过桥费等）全部由乙方负责，具体支付标准详见合同附件《价格表》。

（2）双方不能以任何形式向公众透露对方的商业机密，否则，由此引起的任何损失（如名誉受损、经济受损等）均由泄密方负责赔偿。

（3）因不可抗力的原因，影响本合同不能履行、部分不能履行或延期履行时，遇有不可抗力事故的一方，应立即将事故情况通知对方，并详细提供事故详情及造成合同不能履行、部分不能履行或延期履行的理由及所有相关的文件资料。

（4）一方违约，另一方有权以书面形式通知对方解除本合同或双方签订的其他合同、协议，合同自发出通知之日起30天后解除，由违约方承担违约责任。

（5）自本合同生效之日起，甲乙双方原先签订的产品配送合同自动作废。

（6）本合同如有未尽事宜，应由双方协商解决；协商不成时，按下列第________种方式解决：①向________仲裁委员会申请仲裁。②向人民法院起诉。

（7）本合同一式两份，合同双方各执一份。

甲方（盖章）：________________	乙方（盖章）：________________
签约代表：________________	签约代表：________________
开 户 行：________________	开 户 行：________________
银行账号：________________	银行账号：________________
电　　话：________________	电　　话：________________
______年____月____日	______年____月____日
签订地点：____________	签订地点：____________

2．召集各组组长强调实训活动实施过程中的工作方法。

3．组长回组，与组员制订本实训活动的实施方案，在每位组员自己独立构建新知的基础上提出任务完成要求。

4．组长按照事先制订的活动方案召集组员，进行组内交流，形成组内统一意见。

5．各组互相交流、讨论并点评，最后达成共识。

【活动要求】

1．以小组为单位，在学习相关理论知识后，能够阐述第三方物流合同的重要性及其特征。

2．阅读合同范本，指出合同的约首、正文和约尾所包含的条款，并将下面的结构名称与相应的内容连线匹配。

约首

正文

约尾

A 合同生效的时间
B 物流服务时间
C 订约当事人的名称及地址
D 物流服务内容
E 双方当事人的签字
F 涉及物品数量
G 合同的人数
H 附件及其效力
I 合同签订的日期及地点
J 双方的责权利
K 合同的名称及编号

【考核要求】

本实训活动的完成必须在个人思考和判断的基础上进行。思考中遇到不确定的问题时，可求助于其他组员或教师的帮助。考评时要将个人思考过程、组内帮助过程和最后的成果综合进行考虑。教师全程参与，观察每位组员在活动中的表现，并对需要帮助的组员给予帮助，督促组内讨论时需要作必要的文字记录。每位组员的活动报告情况将成为该组员整体实训活动最终成绩的一部分。

实训活动二：制订合同

【活动目的】

学生通过实训活动一的合同范本，感知物流合同的整体形态。在小组合作及教师的指导下，找出合同的关键内容，并能够对照合同范本，结合所学知识，根据第三单元任务二商务谈判活动所达成的共识撰写合同。

【活动组织】

将班级同学分成若干小组。可以通过学生自由组合与教师协调的方式进行，以形成和谐的小组活动氛围。选出组长，带领全组成员完成本实训活动。

【活动步骤】

1．学生认真阅读合同范本；教师指导学生理解合同中的主要条款，并分块讲解合同范本的内容，使同学们在脑海中形成合同的大致框架。

2．分组指导合同撰写。回顾第三方物流合同的主要内容，指导学生撰写对应合同的条款。

3．召集组长，介绍活动方法与目的。

4．自主学习，各组之间相互提问。根据本任务知识储备中“第三方物流合同的主要结构及内容”这一知识点，在合同范本中找出对应的内容。依据合同范本，给其他小组提出10个问题。

5．随机交换问题作答，各小组互评得分。

6．根据第三单元任务二商务谈判活动所达成的共识草拟合同。

【活动要求】

以小组为单位，在组长和教师的指导下按照活动步骤撰写各自的合同。所拟合同在格式、内容和字迹方面应符合规范。

【考核要求】

每位组员能够根据合同范本拟出题目，小组内部形成有效的讨论，并作必要的文字记录。教师全程参与，指导学生并观察每位组员在活动中的表现，对需要帮助的组员给予帮助。各组所提问题的质量和所拟合同的质量将成为该组成员整体实训活动最终成绩的一部分。

实训评价

<table>
<tr><td colspan="2">被考评人</td><td></td><td colspan="2">考评地点</td><td colspan="2"></td></tr>
<tr><td colspan="2">考评内容</td><td colspan="5"></td></tr>
<tr><td colspan="2">考评指标</td><td>考评标准</td><td>分值/分</td><td>自我评价/分</td><td>小组评议/分</td><td>实际得分/分</td></tr>
<tr><td rowspan="4">专业知识技能掌握</td><td>第三方物流合同的概念</td><td>掌握</td><td>10</td><td></td><td></td><td></td></tr>
<tr><td>第三方物流合同的特征</td><td>掌握</td><td>10</td><td></td><td></td><td></td></tr>
<tr><td>第三方物流合同的撰写</td><td>掌握</td><td>10</td><td></td><td></td><td></td></tr>
<tr><td>课业完成情况</td><td>各项实训活动完成表现</td><td>20</td><td></td><td></td><td></td></tr>
<tr><td rowspan="4">通用能力培养</td><td>出勤</td><td>按时到岗，学习准备就绪</td><td>10</td><td></td><td></td><td></td></tr>
<tr><td>道德自律</td><td>自觉遵守纪律，有责任心和荣誉感</td><td>15</td><td></td><td></td><td></td></tr>
<tr><td>学习态度</td><td>积极主动，不怕困难，勇于探索</td><td>10</td><td></td><td></td><td></td></tr>
<tr><td>团队分工合作</td><td>能融入集体，愿意接受任务并积极完成</td><td>15</td><td></td><td></td><td></td></tr>
<tr><td colspan="3">合　计</td><td>100</td><td colspan="3"></td></tr>
<tr><td colspan="5">考评辅助项目</td><td colspan="2">备　注</td></tr>
<tr><td colspan="3">本组之星</td><td colspan="2"></td><td colspan="2" rowspan="2">两项考评辅助项目是为了激发学生的学习积极性</td></tr>
<tr><td colspan="3">组间互评</td><td colspan="2"></td></tr>
</table>

注：1．实际得分=自我评价 40%+小组评议 60%。

2．考评满分为 100 分，59 分及以下为不及格；60～74 分为及格；75～84 分为良好；85 分及以上为优秀。

3．“本组之星”可以是本次实训活动中突出贡献者，也可以是进步最大者，同样可以是其他某一方面表现突出者。

4．“组间互评”是由评审团讨论后为各组给予的最终评价。评审团由各组组长组成。当各组完成实训活动后，各组组长先组织本组内部进行商议，然后各组组长将意见带至评审团，评价各组整体工作情况，将各组互评分数填入其中。

任务二　体验合同签订过程

任务描述

合同签订双方在签订合同的过程中所表现出的礼仪修养可以充分体现出各自的企业形象，特别是第三方物流企业应该在签订合同这个环节中展现出最优质的服务。

本任务的实训活动是让学生在制订好合同的基础上体验合同的签订过程，可以采用角色扮演法，让学生体验布置签订合同的场所，感受签订合同中的相关礼仪。

任务目标

➲ 技能学习目标

1. 能够列举出安排会议的准备工作。
2. 能够布置简单的会场，并制订会议签到表。
3. 能够陈述与会者的礼仪。
4. 能够陈述签约的主要过程。

➲ 情感学习目标

1. 通过角色扮演体会会议筹备工作的重要性。
2. 通过角色扮演体验物流业务中商务礼仪的重要性。
3. 通过角色扮演培养自身的职业气质。

情景导入

经过长期洽谈之后，南方某市的一家公司终于同美国的一家跨国公司谈妥了一笔生意。双方在达成合约之后，决定正式为此举行一个合同签约仪式。

因为当时双方的洽谈在我国举行，故此签字仪式由我方负责。在仪式正式举行的那一天，让我方出乎意料的是，美方差一点要在正式签字之前“临场变卦”。

原来，我方的工作人员在签字桌上摆放中美两国国旗时，误以传统的“以左为上”代替了目前所通行的国际惯例“以右为上”，将我方国旗摆在了签字桌的右侧，而将美方国旗摆在了签字桌的左侧，结果让美方人员恼火不已，他们甚至因此而拒绝进入签字厅。

经过多方努力和调解，这场风波虽然平息了，但给了我们一个教训：在商务交往中，对于签约的礼仪不可不知。

现阶段，武汉市××物流公司与客户经过漫长而艰辛的谈判和细致的制订合同过程后，客户定于下周五在该物流公司会议室举行签约仪式。

思考：

1. 举办本次签约仪式需要做些什么准备工作？
2. 安排签约仪式时有哪些礼仪需要注意？
3. 在签字时应该注意哪些事项？

知识储备

一、安排会议的准备工作

1. 安排会议场所

会议场所要根据会议的规模、影响等来安排。会场一般要按照与会人数和会场容量大体相当的原则来安排。

2. 确定会议筹备机构

凡是大中型会议，都需要组织专门的机构来进行筹备。筹备机构往往也就是会议期间的工作机构，即秘书处或会务处。

3. 确定与会人员，印发会议通知

召开会议前，要提前确定参加会议的人员。根据会议的内容和性质，及时提出并报请领导来确定列席人员名单。列席人员不宜太多。与会人员确定之后，要印发会议通知。会议通知上必须写明会议组织单位、会议时间、会址、会议名称、会议目的、会议内容、会议期限、会议日程、必须参加人及其应作的准备，以及报到时间、地点等。

4. 拟制会议文件

会议文件要根据会议议题来准备。文件通常在第一页左上角写上会议名称，一般为"××会议文件"。文件较多的会议，还应对文件进行编号。编号按会议顺序编定。会议文件要在会前印制好，并装入会议文件袋，在与会人员报到时分发。

5. 印制会议票证

这是大中型会议进行时为了维持会场秩序、保障会议安全采取的最直接的一种手段。

6. 布置会场

会场要结合会议性质、内容进行布置。大中型会议往往要设主席台，台上要悬挂会标，会标必须端庄醒目。主席台上应摆放旗帜、鲜花等装饰物。此外，必须安排好音响、照明、录音和录像等工作。大型会议还要安排好进场、退场的路线。

（1）礼堂式：面向房间前方摆放一排排座椅，中间留有较宽的过道。其特点是：在留有过道的情况下，最大限度地摆放座椅；观众没有地方放资料，也没有桌子可供记笔记时使用。

（2）教室式：在房间内，将桌椅一排一排端正摆放，或呈"V"形摆放。其特点是：在安排布置上有一定的灵活性。

（3）弦月式：房间内放置一些圆形或椭圆形桌子，椅子只放在桌子的一面，以便所有观众都面向房间的前方。

（4）方形中空式：桌子摆成方形且中间空出，不留缺口，椅子摆在桌子外围。

（5）马蹄形或"U"形：将桌子连接着摆放成长方形，但空出一个短边。椅子可以摆在桌子外围，也可以内外都摆放。

7. 排列座次

座次的安排主要是指主席台的座次安排。一般来说，主席台上除了主持人和讲话人之外，还要有有关的领导就座。对于这些人员，必须事先确定并逐一落实，位置按规定的顺序排列，最好摆放名签，以便对号入座。话筒要摆放在最佳位置，如讲话人较多，则应多准备几组话筒。

8. 组织签到

为了统计到会人数，尤其是在各类含有选举和表决内容的法定性会议中，需要组织签到。这关系到是否达到法定人数及选举、表决结果是否有效。会议签到表见表 4-1。

表 4-1 会议签到表

主 持 人： 记 录 人：

会议名称： 会议地点：

序　号	姓　名	职务/职称	部　门	签　字	日　期	备　注
01						
02						
03						

9. 会议记录

作为会议情况的真实记录，会议记录是日后分析、研究和整理有关资料的重要依据。

10. 会议简报

大型会议往往要编发会议简报，以及时反映会议情况，指导会议正确进行。

11. 会间的服务工作

会间的服务工作包括生活服务工作、文娱活动、医疗卫生工作和安全保卫工作。这些工作可以使与会人员心情放松，并产生如家一般的感觉。

12. 会后工作

会后工作包括整理会议记录、安排与会人员离会、会议文件的立卷归档、会议新闻报道和会务工作总结。

> **想一想**
>
> 如何确定签订合同会议的会标？

二、与会者的礼仪

1. 主席台就座者的礼仪

会议进行中，主席台就座者应该认真倾听发言人的发言，不要与其他就座者交头接耳，更不能擅自离席。确有重要和紧急的事需要提前离开会场时，应同主持人打招呼，最好征得其同意后再离席。

2. 会议发言人的礼仪

对于会议发言人或报告人来说，其礼仪主要表现在发言要遵守秩序。在发言之前，可面带微笑，环顾一下会场四周。发言时应掌握好语速和音量，以使会场中所有的人都能听清为宜。发言或报告一般应使用普通话，还应注意观察与会人员的反应，以便根据情况对发言内容作相应的调整。发言或报告结束时，应向全体参会人员表示感谢。

3. 一般与会者的礼仪

对于参加会议的一般人员来说，其礼仪主要是遵守会议纪律。在别人发言或报告时，应该认真倾听，必要时还要作好记录，切不可在台下与人交头接耳，也不要随便走动。在会议进行中，若要离开会场，应向有关人员简要说明情况，表示歉意，而且应在征得同意之后离席。

4. 来宾的礼仪

对于会议邀请的来宾来说，应遵守会场纪律，听从会议组织者的安排，做到举止端庄，行为有度。

三、签字礼仪

（一）签字仪式的准备

签字是文件有效的标志。无论是国与国之间，还是企业团体之间，就合作项目达成的协议都要经过双方签字才能生效。经过双方代表签字的文本对双方具有约束力，具有相应的法律效力。签字仪式是签约双方在经过会谈、协商，形成了某项协议或协定的基础上，进行互换正式文本的仪式。它具有“里程碑”意义，应予以充分准备，做到万无一失。举行签字仪式应做好以下准备工作。

1. 准备待签的文本

洽谈或谈判结束后，双方应指定专人按谈判达成的协议做好待签文本的定稿、翻译、校对、印刷、装订和封印等工作。文本的定稿、翻译、校对、印刷、装订和封印等，均应确保无误。文本一旦签字就具有法律效力，因此准备待签文本应当郑重、严肃。

在准备文本的过程中，除了要核对谈判协议条件与文本的一致性以外，还要核对各种批件，主要是项目批件、许可证等是否完备，合同内容与批件内容是否相符等。审核文本必须对照原稿件，做到一字不漏。对审核中发现的问题，双方要及时通报，通过再谈判达到一致，并相应地调整签约时间。

在协议或合同上签字的有几个单位，就要为签字仪式提供几份样本。如有必要，还应为各方提供一份副本。与外商签订有关的协议、合同时，按照国际惯例，待签文本应同时使用宾主双方的母语。

待签文本通常应装订成册，并以仿皮或其他高档材料作为封面。其规格一般为大八开，所用的纸张务必高档，印刷务必精美。主方应为文本的准备提供便利条件。

2. 布置签字场地

签字场地有常设、专用的，也有临时用会议厅、会客室来代替的。签字厅的布置要庄重、整洁、清静，厅内应铺满地毯。

正规的签字桌应为长桌，桌上最好铺设深绿色的台布。签字桌应横向放于室内，在其后可摆放适量的座椅。签署双边性合同时，可放置两张座椅，供签字人就座。签署多边性合同时，可以仅放一张座椅，供各方签字人签字时轮流就座，也可以为每位签字人提供座椅。

在签字桌上，应事先安放好待签的合同文本及签字笔、吸墨器等签字时所用的文具。签字桌的背景一般要挂设帷幕，幕上标明签字仪式的名称和时间。

3. 安排签字人员

在举行签字仪式之前，有关各方应预先确定好参加签字仪式的人员，并向有关方面通报。客方尤其要将自己一方出席签字仪式的人数提前告之主方，以便主方安排。双方参加签约的人数应大体相等，签字人的身份应该对等，并且签约双方需安排一名熟悉签字仪式详细程序的助签人。为了表示对这一活动的重视，双方也可以对等邀请更高一层的领导人出席签字仪式。

签字人员应注意仪态、举止，要落落大方、自然得体，既不要过分严肃，也不要喜形于色。

4. 安排签字时的座次

（1）签署双边性合同：应请客方签字人在签字桌右侧就座，主方签字人应同时就座于签字桌左侧。双方各自的助签人，应分别站立于己方签字人的外侧，以便随时对签字人提供帮助。双方其他随员可以按照一定顺序在己方签字人的正对面就座，也可依照职位的高低，依次自左至右（客方）或自右至左（主方）排列成一行，站立于己方签字人的身后。当一行站不下时，可按照以上顺序并遵照“前高后低”的惯例，排成两行、三行或四行。

> **小知识**
>
> 参加签字仪式的人员一定要格外重视商务着装。
>
> 签字人、助签人及随员在出席签字仪式时，应当穿着具有礼服性质的深色西装套装或西装套裙，并且配以白色衬衫和深色皮鞋。
>
> 在签字仪式上露面的礼仪、接待人员，可以穿自己的工作服，或是旗袍一类的礼仪性服装。

（2）签署多边性合同：一般仅设一个签字椅。各方签字时，需依照有关各方事先同意的先后顺序依次上前，助签人应随之一同行动。在助签时，依“右高左低”的原则，助签人应站立于签字人的左侧。有关各方的随员，应按照一定的顺序，面对签字桌就座或站立。

（二）签字仪式的程序

虽然签字仪式的时间不长，但它是合同、协议签署的高潮，其程序既规范、庄重又热烈。签字仪式的程序主要有以下几项。

1. 签字仪式开始

有关各方人员进入签字厅，在既定的位次上坐好。

签字人按照主居左、客居右的原则入座，其他陪同人员分主客两方以各自职位高低为顺序，自左向右（客方）或自右向左（主方）排列站于己方签字人之后，或坐在己方签字人的对面。双方助签人分别站在己方签字人的外侧，协助翻揭文本，指明签字处，并为已经签署的文件吸墨防洇。

> **资料卡**
>
> “轮换制”的含义是在位次排列上，轮流使有关各方居于首位一次，以显示机会均等、各方平等。

2. 签字人签署文本

签字人签署文本通常的做法是：先签署己方保存的合同文本，再签署它方保存的合同文本。这一做法称为“轮换制”。

在双边条约中，双方签字处在文本上呈左右并列状，以左方为首位。助签人应协助文本翻页，指明签字处，防止漏签，并用吸墨器吸干墨渍。签完己方保存的文本后，由双方助签人合上文本，并相互交换文本，然后双方签字人在对方保存的文本上签字。多边条约、协定或合同的签字，各方按一定顺序依次签字。

3. 交换合同文本，共同举杯庆祝

交换已经由各方正式签署的文本后，各方签字人应握手，互致祝贺，并相互交换各方使用过的签字笔，以作纪念。全场人员鼓掌，礼仪服务人员端上香槟酒，参加签字仪式的人员共同举杯，以示祝贺。

4. 有序退场

请双方最高领导者及客方先退场，然后东道主再退场。整个签字仪式以半小时为宜。

能力培养与训练

实训活动一：分配角色，确定签约活动中的三大项目组

【活动目的】

体验合同签订活动中各项事务的准备和安排过程，分配角色，形成三大项目组：签约小组、会场布置小组、签约考评小组，以便为后续实训活动作准备。

【活动组织】

本实训活动可以选择在教室或空间较大的场所进行。将班级同学分成若干小组。在组长的带领下，全组成员共同学习，完成本活动。活动的组织可以“先分后合”，即在组内按签约小组、会场布置小组和签约考评小组分配角色，再将各组人员分配汇总，形成三大项目组。

【活动步骤】

1. 教师介绍本实训活动的内容、要求及注意事项，并召集各组组长强调实训活动实施过程中的工作方法。

2. 确定“签约小组”的成员，填写表 4-2。

表 4-2　签约人员安排表

签约仪式名称		
签约公司名称		
会议承办方		
双方出席签约仪式人员安排		
会议发言人		
签　字　人		
助　签　人		
嘉　　宾		

3. 安排专人制订会议签到表。

4. 确定“会场布置小组”的成员，填写表 4-3。

表 4-3 布置会场人员安排表

	人　员	准 备 内 容
桌椅布置 （8～10 人）		
环境布置 （5～7 人）		
资料准备 （3～5 人）		
签约用品准备 （3～5 人）		
接待、礼仪 （5～8 人）		

【活动要求】

1. 本实训活动是本任务实训活动二的组织基础，要充分体现组内及组间的协调配合能力。

2. 在确定会议承办方及签约双方参与人员角色的过程中，要充分考虑学生意愿。

3. 对各组制订的会议签到表，首先在组间相互交换，相互点评；然后，对会议签到表进行修改完善。会议签到表应该能记录与会人员的主要信息，起到信息确认的作用。

4. 布置会场时，教师应根据学生的特点合理调整会场布置的分工。

【考核要求】

组长分配任务应明确到人，以便提高小组的活动效率，帮助组内学生协调遇到的困难。教师全程参与，观察每位学生在活动中的表现，并对需要帮助的学生给予帮助，组内讨论时需要作必要的文字记录。每位组员的活动报告情况将成为该组员整体实训活动最终成绩的一部分。

实训活动二：体验合同签订过程

【活动目的】

学生能够在本任务实训活动一的基础上做好签约准备工作，能够在模拟签约仪式中做到举止得当，有条不紊，体验签约各角色应有的职业素养。

【活动组织】

本实训活动可以选择在教室或空间较大的场所进行。将班级同学分成若干小组。在组长的带领下，全组成员共同学习，完成本活动。

【活动步骤】

1．教师介绍本实训活动的内容、要求及注意事项，并召集各组组长强调实训活动实施过程中的工作方法。

2．会议发言人应准备好合同。教师协助学生拟订签约会议发言人的发言稿。要求签约双方各指定一名发言人，发言稿要求主题明确，介绍本公司与签约方合作的基本情况，并表达感谢与祝愿。发言时间应控制在 3 分钟左右。

3．签约会议的与会人员进行情景演练，签约考评小组及观众评委观看，并打分评价。签约过程考评表见表 4-4。

表 4-4　签约过程考评表

	主要参与人员								
	会议发言人	签字人	助签人	嘉宾	桌椅布置人员	环境布置人员	资料准备人员	签约用品准备人员	接待礼仪人员
准备充分（3 分）									
积极配合分工（3 分）									
言行符合签约礼仪（3 分）									
创新（1 分）									
合　计									

4．签约考评小组内部交流，形成统一意见。

5．请观众评委点评，并阐述感受。

6．教师总结，并进行综合点评。

【活动要求】

1．以小组为单位，按照活动步骤进行实训。

2．教师应对担任不同角色的同学提出要求，学生应深刻体会各自所扮演的角色应有的职业素养。

【考核要求】

组长分配任务应明确到人，以便提高小组的活动效率，帮助组内学生协调遇到的困难。教师全程参与，观察每位学生在活动中的表现，并对需要帮助的学生给予帮助，组内讨论时需要作必要的文字记录。每位组员的活动报告情况将成为该组员整体实训活动最终成绩的一部分。

实训评价

<table>
<tr><td colspan="2">被考评人</td><td></td><td colspan="2">考评地点</td><td colspan="2"></td></tr>
<tr><td colspan="2">考评内容</td><td colspan="5"></td></tr>
<tr><td colspan="2">考评指标</td><td>考评标准</td><td>分值/分</td><td>自我评价/分</td><td>小组评议/分</td><td>实际得分/分</td></tr>
<tr><td rowspan="4">专业知识技能掌握</td><td>布置会场</td><td>掌握</td><td>10</td><td></td><td></td><td></td></tr>
<tr><td>签字礼仪</td><td>掌握</td><td>10</td><td></td><td></td><td></td></tr>
<tr><td>签字礼仪的程序</td><td>掌握</td><td>10</td><td></td><td></td><td></td></tr>
<tr><td>课业完成情况</td><td>各项实训活动完成表现</td><td>20</td><td></td><td></td><td></td></tr>
<tr><td rowspan="4">通用能力培养</td><td>出勤</td><td>按时到岗，学习准备就绪</td><td>10</td><td></td><td></td><td></td></tr>
<tr><td>道德自律</td><td>自觉遵守纪律，有责任心和荣誉感</td><td>15</td><td></td><td></td><td></td></tr>
<tr><td>学习态度</td><td>积极主动，不怕困难，勇于探索</td><td>10</td><td></td><td></td><td></td></tr>
<tr><td>团队分工合作</td><td>能融入集体，愿意接受任务并积极完成</td><td>15</td><td></td><td></td><td></td></tr>
<tr><td colspan="3">合 计</td><td>100</td><td></td><td></td><td></td></tr>
<tr><td colspan="5">考评辅助项目</td><td colspan="2">备 注</td></tr>
<tr><td colspan="3">本组之星</td><td colspan="2"></td><td colspan="2" rowspan="2">两项考评辅助项目是为了激发学生的学习积极性</td></tr>
<tr><td colspan="3">组间互评</td><td colspan="2"></td></tr>
</table>

注：1. 实际得分=自我评价 40%+小组评议 60%。
2. 考评满分为 100 分，59 分及以下为不及格；60～74 分为及格；75～84 分为良好；85 分及以上为优秀。
3. “本组之星”可以是本次实训活动中突出贡献者，也可以是进步最大者，同样可以是其他某一方面表现突出者。
4. “组间互评”是由评审团讨论后为各组给予的最终评价。评审团由各组组长组成。当各组完成实训活动后，各组组长先组织本组内部进行商议，然后各组组长将意见带至评审团，评价各组整体工作情况，将各组互评分数填入其中。

第五单元　体验物流服务业务招揽 5

物流业务招投标工作已日益成为第三方物流企业开拓市场、实现企业跨越式发展的重要途径之一。许多第三方物流企业通过一些大型物流业务招标项目，成功地实现了与全国五百强、世界五百强企业的物流业务合作，使其在物流业务规模、物流运作水平和经验管理等方面得到了很大的提升，企业获得了较快的发展。本单元将带领大家了解第三方物流服务业务的招揽过程。

任务一　体验第三方物流服务项目的招标工作

任务描述

本任务主要介绍第三方物流服务项目的招标方式及其程序。通过体验第三方物流招标公告这一实训活动，来感性地认识招标公告的具体写作要求。

任务目标

技能学习目标

1. 熟悉第三方物流服务项目招标方式的分类。
2. 理解第三方物流服务项目招标的程序。
3. 熟悉影响招标成功的因素。

情感学习目标

通过本任务的学习，培训学生对第三方物流招标工作的兴趣与热情，让学生体会到物流项目招标工作所需要的细致与全局观念。

情景导入

某校为了加强对金融事务专业、电子商务专业和物流管理专业的建设，欲购置上述三种专业的实训软件，初步预算资金为60万元。于是，该校想到了委托专业的招标中心办理此事。

该校找到了A招标中心。A招标中心就该校预算金额为60万元的实训软件进行了邀请招标采购。资格预审公告发出5天后，A招标中心共收到7家电脑经销商的资格预审资料，其中只有5家经销商提供的预审资料全部符合资格审查标准。A招标中心对这5家经销商进行了悉心的比较后，向其中4家经销商发出了投标邀请书。在开标日当天，由专家、采购人代表和招标中心代表组成的评标委员会按照招标文件的要求对4家经销商的产品、报价及售后服务进行了认真比较，最终以相对优惠的价格与两家经销商成交。

思考：你认为这样的公开招标对该校的实训软件采购有何好处？

知识储备

一、招标方式分类

目前，被广泛采用的物流业务招投标的方式主要有四种，即内部招标、有限招标、委托公开招标和自行公开招标。其中，委托公开招标和自行公开招标是比较提倡使用的两种招标方式。

1. 内部招标

内部招标是目前我国企业使用得比较多的一种物流业务招标方式，主要是指企业依靠自身的力量和资源，组织并完成物流业务的招标工作。内部招标包括以下几个重点工作环节：

1）从企业内部相关部门抽调人员组成物流项目招标工作小组及领导小组。工作小组成员通常从企业内部的物流、生产、财务、计划和市场等部门抽调人员，并由一名企业中高层领导具体负责并全面主持招标项目的日常工作。

2）招标工作小组制订工作计划，并对企业内部的生产、销售，特别是物流服务需求情况进行调研，提出物流招标的总体需求、相关运作及服务要求，编制招标文件。

3）招标工作小组根据物流业务招标的总体需求情况制定评标方案确定标准；同时，组织企业内部有关部门的负责人组成评标小组，必要时可邀请一两名外部专家。

4）企业邀请一定数量的物流公司参加投标。通常被邀请参加投标的都是与企业有过业务合作或是希望与之合作的第三方物流公司。

5）评标小组对参加投标的各物流公司递交的投标文件进行评审，并根据评标标准综合考量，给出初步的评审意见。

6）企业有关领导结合评标小组的评审意见通盘考虑，最终确定中标方。

2. 有限招标

有限招标是目前企业采用的相对较少的一种物流业务招标方式，主要是指企业委托一家第三方中介机构在有限范围内，帮助其完成物流业务招标工作的一种招标方式。招标中介机构负责整个招标过程以及日常工作，企业只提供有限的协助。有限招标主要包括以下几个工作环节：

1）企业的内部相关部门，如物流部门、生产部门和销售部门提出物流招标需求，并上报企业高层领导审批。

2）企业选择并委托一家物流业务招标中介机构，由其负责完成物流业务招标工作。企业内部成立项目配合小组，协助中介机构开展工作。

3）招标中介机构在企业项目配合小组的协助下编制物流业务招标文件。

4）由企业指定有资格参加招标的第三方物流公司名单，并递交或出售招标文件。名单之外的第三方物流公司没有资格参加投标。

5）招标中介机构组织企业中高层领导及相关人员成立评标小组，对各第三方物流公司的投标文件进行评审。

6）企业高层领导确定中标方。

3. 委托公开招标

委托公开招标是企业应用相对较多的一种物流业务招标方式，主要是指企业委托一家第三方招标中介机构来组织、实施物流业务招标的全部工作，在全社会范围内进行物流业务招标。在实际招标过程中，招标中介机构负责整个招标过程的日常工作，企业只提供协助与配合。招标项目对全社会公开招标，只要有投标意向的第三方物流公司都可以参加投标。委托公开招标主要有以下几个重点工作环节：

1）企业内部相关部门，如物流部门、生产部门和销售部门提出物流招标需求，并上报企业高层领导审批。

2）企业选择并委托一家物流业务招投标方面的中介机构负责完成物流招标工作。企业内部成立项目配合小组，协助中介机构开展工作。

3）招标中介机构在企业项目配合小组的协助下编制物流业务招标文件。

4）由企业通过各种形式，如报纸广告、专业杂志广告、电视广告和网络广告等，向全社会发布招标信息，公开出售招标文件。参加投标的企业购买招标文件时需要交纳一定数额的投标保证金。

5）招标中介机构组织外部评审专家和企业内部领导及相关人员组成投标资格审查小组，对参加投标的各物流公司的投标资格进行预审。资格预审不合格的物流公司不能进入第二轮竞标。

6）招标中介机构组织外部评审专家和企业内部领导及相关人员组成评标小组，对进入第二轮的各物流公司的投标文件进行评审，并提出初步意见，供招标企业领导决策时参考。

7）企业高层领导确定中标方。

4. 自行公开招标

自行公开招标是目前企业采用最多的一种物流业务招标方式，主要是指企业在少数招标专家的协助下，独立完成面向全社会进行物流业务招标的方式。企业独立组织并完成物流业务招标的全部工作，并且面向全社会公开招标，只要有意愿投标的物流公司都有资格参加投标。

自行公开招标和委托公开招标的不同点在于，自行公开招标强调企业是在少数招标专家的协助下独立完成物流业务招标的全过程。

二、第三方物流项目招标的程序

第三方物流项目招标的程序如图 5-1 所示，即公布招标公告、资格预审、编制和发放投标文件、接受投标文件、开标、评标与定标以及签订合同。

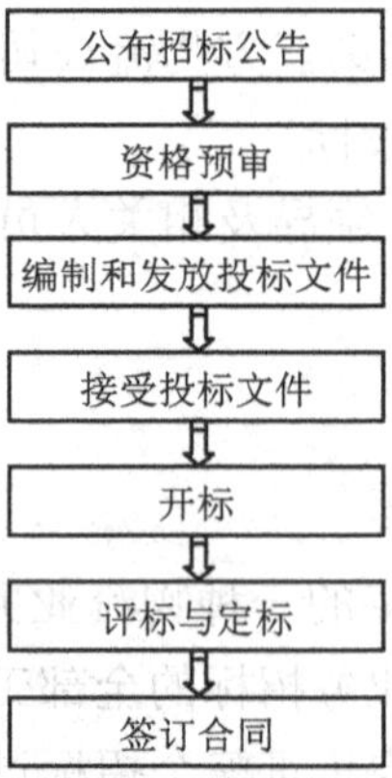

图 5-1　第三方物流项目招标的程序

（一）公布招标公告

公开招标应当发布招标公告。招标公告应当通过报刊或其他媒介发布。

对于公开的竞争性招标，一般要在投标开始前至少 45 天发布招标公告，即在国内外有影响的报刊刊登招标广告或发布招标公告，邀请第三方物流服务提供者申请投标资格预审或对不需要资格预审的招标项目购买招标文件。

资料卡

招标公告应当载明下列事项：

1）招标人的名称和地址。
2）招标项目的性质、数量。
3）招标项目的地点和时间要求。
4）获取招标文件的办法、地点和时间。
5）对招标文件收取的费用。
6）需要公告的其他事项。

（二）资格预审

招标人或招标中介机构可以对有兴趣投标的法人或者其组织进行资格审查，此时应当通过报刊或其他媒介发布资格预审通告。

资格预审的主要内容有：

1）投标人的基本情况。如企业的性质、组织机构、法人地位、公司章程、主要领导成员等。若为联合投标，对合伙人也要审查。

2）项目经验及业绩。主要考核投标人是否承担过类似的项目，投标人以往取得的成绩、荣誉等。

3）财务状况。一般要求投标人提交近几年审计过的财务报表及资料，如资产负债表、损益表、过去5年的营业额、往来银行提供的信用状况资料、保险公司提供的保险证明信、上一财政年度的平均营运资金、向银行抵押贷款的能力、对未来两年财务情况的预测等。

4）人员及设备能力，包括企业技术人员、高级专家、管理人员和拟投入本项目的人员的基本情况，以及拥有主要设备的类型、数量和能力等。

5）企业的信誉。主要审查已经履行及正在履行的合同情况和所定项目的质量评定、企业资质等级等。

6）其他方面，如投标人要求提供的其他方面的事项。

资料卡

资格预审应当载明下列事项：

1）招标人的名称和地址。
2）招标项目的性质、数量。
3）招标项目的地点和时间要求。
4）获取招标文件的办法、地点和时间。
5）对资格预审文件收取的费用。
6）提交资格预审申请书的地点和截止日期。
7）资格预审的日程安排。
8）需要通告的其他事项。

（三）编制和发放投标文件

招标人或招投标中介机构根据招标项目的要求编制招标文件。招标文件一般应当包括以下内容：投标人须知；招标项目的性质、数量；技术规格；投标价格的要求及其计算方式；评价的标准和方法；提供服务的时间；投标人应当提供的有关资格和资信证明文件；投标保证金的数量或其他形式的担保；投标文件的编制要求；提供投标文件的方式、地点和截止日期；开标、评标、定标的日常安排；合同格式及主要合同条款；需要载明的其他事项。

1. 投标人须知

投标人须知的目的是使投标者了解在投标活动中应遵循的规定和注意事项，内容包括：

1）承包方式，即指明是总价承包合同方式还是单价承包合同方式等，以及对联合承包、采购的有关要求等。

2）投标的要求条件，即指明投标所需要的手续和证明，包括保函、支付方式、投标所发生的费用等。

3）有关投标程序方面的说明，诸如现场勘察的组织，情况介绍或答疑的安排，投递标书和报价单、开标、评标与授标的日程及要求，撤换和修改投标文件的期限等。

4）投标者应遵循的规则及报价要求，即对投标者填写投标书的要求、投标书递送的要求、合同条款的补充与建议的规定、废标的处理以及其他方面的规定等。

5）附件说明，主要包括投标书编制的依据、各种文件的相互关系及矛盾处理、招标单位的答询方式、文件解释权及期限等。

2. 招标文件中的技术规定

招标文件规定的技术规格应当采用国际或者国内公认的法定标准。招标文件中规定的各项技术规格，不得要求或者标明某一特权的专利、商标、名称、设计、型号、原产地或生产厂家，不得有倾向或排斥某一有兴趣投标的法人及其他组织的内容。

3. 对招标文件的约束

招标人或招投标中介机构应当按照招投标公告或投标邀请书规定的时间、地点出售招标文件。招标文件售出后不予退还。除不可抗力原因外，招标人或招标投标中介机构在发布招标公告或者发出投标邀请书后不得终止招标。

4. 对招标文件修改的规定

招标人或招投标中介机构需要对已售出的招标文件进行澄清或非实质性修改的，一般应当在提交投标文件截止日期 15 天前，以书面形式通知所有招标文件的购买者，该澄清或修改内容为招标文件的组成部分。

（四）接受投标文件

招标文件要明确规定投标文件的投送地点和期限。例如，从招标公告或投标邀请书发布之日到提交投标文件截止之日，一般不得少于 30 天。投标人送达投标文件的，招标单位应检验文件是否密封和送达时是否符合要求，合格者发给回执，否则拒绝接受投标文件或作为废标。投标书递交后，在投标截止期限前仍允许投标人通过正式函件调整报价及作补充说明。

（五）开标

开标应当按照招标文件规定的时间、地点和程序以公开的方式进行。开标由招标人或招投标中介机构主持，邀请评标委员会成员、投标人代表和有关单位代表参加。

投标人检查投标文件的密封情况，确认无误后由有关工作人员当众拆封、验证投标资格，并宣读投标人名称、投标价格及其他主要内容。

投标人可以对唱标作出必要的解释，但所作的解释不能超过投标文件所记载的范围或者改变投标文件的实质性内容。开标应作记录，存档备查。

（六）评标与定标

招标人或招投标中介机构负责组建评标委员会，由其负责评标。评标委员会总人数一般为 5 人以上的单数，其中受聘的专家不得少于 2/3。与投标人有利害关系的人员不得进入评标委员会。评标委员会对所有投标文件进行审查，对与招标文件规定的有实质性不符的投标文件，应当视为无效。

评标委员会可以要求投标人对投标文件中含义不明确的地方进行必要的澄清，但澄清部分不得超过投标文件记载的范围或改变投标文件的实质性内容。

评标委员会应当按照招标文件的规定对投标文件进行评审和比较，并向招标人推荐 1～3 个中标候选人。

招标人应当从评标委员会推荐的中标候选人中确定中标人。中选的投标人应当符合下列条件之一：

1）能够最大限度地满足招标文件中规定的各项综合评价标准。

2）能够最大限度地满足招标文件的实质要求，并且经评审的投标价格最低（但是投标价格低于成本的除外）。

（七）签订合同

招标人或招投标中介机构应当将中标结果书面通知所有投标人。招标人与中标人应当按照招标文件的规定和中标结果，经过谈判后签订书面合同。

三、影响招标成功的因素

1. 明确物流服务层次及具体需求

招标企业必须明确招标物流业务的物流服务需求层次和主要内容，并在招标文件中尽可能详细地表达出来。这是招标工作能否最终实现预期目标的关键。具体的物流服务需求层次及需求内容的界定是招标工作中难度最大的一个环节，许多物流业务招标失败的原因大多与此有关。

对于大型物流招标项目而言，物流服务需求书是招标企业在整体物流策划、具体物流运作和实施方面陈述需求的书面文件。在编制物流项目招标文件时，要求编制人员明确企业具体的物流服务需求层次和需求内容，如物流操作流程、操作要求、信息系统要求、物流时效要求、高峰时段服务要求、异常情况处理要求、货物保险要求和客户服务要求等。

2. 对投标企业类型的正确选择

招标企业在进行物流业务招标时，要正确界定物流公司的类型、企业规模、网络覆盖区域、服务特点与优势等，这样才能作出正确的判断与选择，否则就可能导致招标工作的失败。

3. 帮助物流公司加深认识与了解

在物流业务招标过程中，由于招标企业占据主动和强势地位，投标企业处于被动和被挑选的地位，因此，招标企业对招投标活动结果负有更多的责任。

虽然企业和第三方物流公司在物流业务招投标过程中各自扮演着不同的角色，但在满足企业物流服务需求方面，企业和第三方物流公司是一致的。企业只有帮助投标物流公司加深对招标的整体了解和对物流服务实际需求的理解，才能实现招标的成功。

能力培养与训练

实训活动：体验第三方物流招标公告

【活动目的】

本实训活动以计算机网络平台为依托，通过中国物流招标网（http://www.clb.org.cn）来了解第三方物流企业招标公告的结构，让学生从对招标公告的解读中体验招标公告的写作要求。

【活动组织】

将班级同学分成若干小组，并确定各组组长，教师带领学生到配备计算机的教室进行整个实训活动。

【活动步骤】

1．打开浏览器，在地址栏输入“http://www.clb.org.cn”，浏览中国物流招标网首页。

2．在中国物流招标网首页单击“招标公告”按钮（见图 5-2），浏览招标公告。点击你感兴趣的招标公告，并查看该公告的具体内容，填写表 5-1。

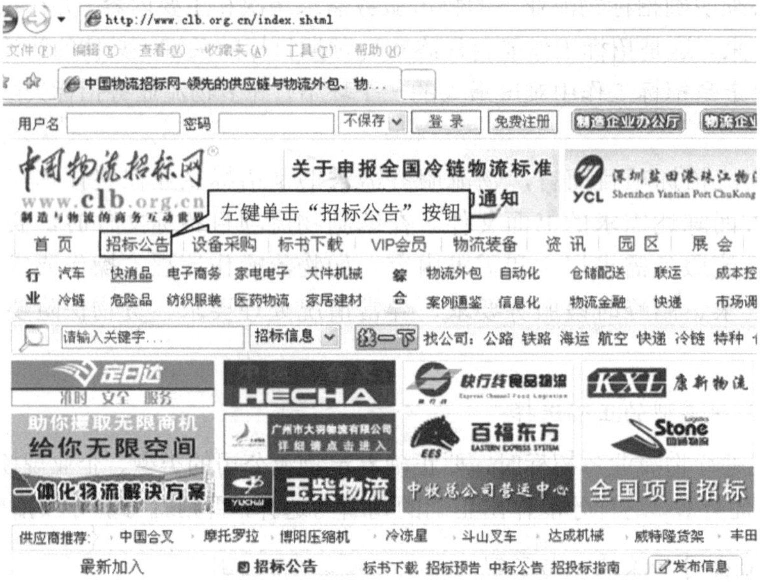

图 5-2 中国物流招标网首页

表 5-1 招标公告信息

招标公告名称	
招标项目	
投标资格	
投标内容	
所属行业与地区	

3．小组分析讨论招标公告的结构与招标公告的写作要求，并将自己的理解写下来。

招标公告一般包括：

____

____

招标公告的写作要求：

____

____

【活动要求】

以小组为单位，观察招标公告的内容，分析招标公告信息对于第三方物流企业招标的作用，特别是招标资格是否符合第三方物流企业的要求；小组分析讨论招标公告的结构与写作要求。

【考核要求】

能够正确使用计算机浏览招标公告信息，能够分析招标公告信息的结构与写作要求，小组讨论要积极并完成相关任务。每位组员的活动报告情况将成为该组员整体实训活动最终成绩的一部分。

实训评价

被考评人			考评地点			
考评内容						
考评指标		考评标准	分值/分	自我评价/分	小组评议/分	实际得分/分
专业知识技能掌握	招标的方式	掌握	10			
	招标的程序	掌握	10			
	影响招标成功的因素	掌握	10			
	课业完成情况	各项实训活动完成表现	20			
通用能力培养	出勤	按时到岗，学习准备就绪	10			
	道德自律	自觉遵守纪律，有责任心和荣誉感	15			
	学习态度	积极主动，不怕困难，勇于探索	10			
	团队分工合作	能融入集体，愿意接受任务并积极完成	15			
合　计			100			
考评辅助项目					备　注	
本组之星					两项考评辅助项目是为了激发学生的学习积极性	
组间互评						

注：1. 实际得分=自我评价 40%+小组评议 60%。

2. 考评满分为 100 分，59 分及以下为不及格；60～74 分为及格；75～84 分为良好；85 分及以上为优秀。

3. “本组之星”可以是本次实训活动中突出贡献者，也可以是进步最大者，同样可以是其他某一方面表现突出者。

4. “组间互评”是由评审团讨论后为各组给予的最终评价。评审团由各组组长组成。当各组完成实训活动后，各组组长先组织本组内部进行商议，然后各组组长将意见带至评审团，评价各组整体工作情况，将各组互评分数填入其中。

任务二

体验第三方物流服务项目的投标工作

任务描述

招标工作和投标工作是第三方物流业务招揽过程的两个方面。对第三方物流企业而言，如果把了解物流服务招标工作作为“知彼”的过程，那么本任务就是物流企业对“知己”过程的分析和认识。

通过对本任务的学习，让学生了解第三方物流招标项目选择的原则，熟悉第三方物流公司投标的工作流程，掌握投标标书的编制工作。

任务目标

➲ 技能学习目标

1. 了解第三方物流招标项目选择的原则。
2. 熟悉第三方物流企业投标的工作流程。
3. 掌握投标标书的编制工作。

➲ 情感学习目标

通过对本任务的学习，让学生体会到客户与第三方物流企业建立合作伙伴关系可以使企业更好地发展。

情景导入

北京某大型电子商务公司主要通过互联网销售其自主生产的移动上网设备，销售网络覆盖全国各省会城市与大中型城市。公司自身没有物流部门，想通过第三方物流公司帮助其完成物流业务。公司希望通过面向全社会进行公开招标的方式，选择与其合作的第三方物流公司，并要求第三方物流公司可以较好地完成全国性的快递业务以及省会城市间的干线调拨和仓储业务，对物流信息系统的功能配置和信息处理能力要求较高。通过向社会发布招标公告，有许多第三方物流公司前来投标，最终他们找到了一家比较满意的第三方物流公司进行合作。

思考：物流业务投标对第三方物流企业发展有什么意义？

知识储备

一、物流招标项目的选择原则

由于物流行业的广阔性和多样性，不同的物流公司有着不同类型的核心业务。因此，物流公司必须对各类物流招标信息进行详细分析，从中筛选出适合本企业的、中标可能性较大的物流业务招标项目，然后组织力量参加投标。第三方物流公司进行招标信息筛选时，要符合以下基本原则：

1. *符合第三方物流公司未来的发展方向*

企业要想发展，就需要明确发展目标，并制订出切实可行的长期发展规划。第三方物流公司应结合自身掌握的资源、行业、竞争情况及目标客户群体的物流需求变化趋势等因素制订企业发展规划。因此，第三方物流公司在分析物流业务招标信息时，需要分析物流招标业务是否符合企业的发展方向。只有符合企业发展方向的物流招标业务，才能更好地满足企业发展的需要，促进企业发展。

2. *适应企业的管理能力和运作水平*

通常，物流公司可以借助大型物流招标业务大幅提升企业的业务量。同时，通过与大型企业的业务合作，可以大力提升企业的管理能力和物流运作水平。物流招标项目对物流公司的成长具有很强的刺激作用，这就是物流业务招标对物流公司的意义所在。

但是，第三方物流公司在筛选物流业务招标项目时，要考虑到招标项目的总体需求与第三方物流公司的管理能力和物流运作水平相适应。若不能适应，第三方物流公司最好不要盲目参加竞标，否则一旦招标项目进入实操阶段，各种企业管理、物流运作方面的隐患和存在的问题就会暴露出来，得不偿失。

3. *与现有的物流业务进行整合*

如果物流招标项目与物流公司现有的业务相类似，或者能够进行整合形成规模优势、服务链优势，那么第三方物流公司在运作该物流招标项目时就会比较得心应手，物流服务质量也会有所保证，同时物流成本也会相对较低，从而提高利润。

以干线运输为主营业务的物流公司在业务整合方面的意义更加重大。例如，以航空物流为主营业务的第三方物流公司，由于航空运输实行等级运价（即梯形价格），因此零担价格和吨位价格相差很大。随着业务量的增大，每票每公斤的物流运输成本呈下降趋势。公路运输和铁路运输也是如此。由于综合成本的降低，物流公司进行类似项目投标时，可以利用规模优势进行价格竞争，并利用价格优势提高中标概率。

4. *在资源投入方面有所保证*

在物流企业招标文件中，通常会介绍招标项目的背景，如主要的货物名称、物流业务种类、物流方式、货物流量流向预计、相关服务内容及质量要求等。第三方物流公司通过对相关背景信息的分析，再结合本企业目前的发展现状，可以很快地估算出为运作该招标业务项目需要投入的资源情况。

因此，第三方物流公司在决定参加投标前，应该根据企业目前的资源现状，适当地在管理力量、提升运作能力、扩建物流网络、招聘操作人员以及增加与提升信息系统功能等方面增加一定的投资。

二、第三方物流公司投标的工作流程

（一）研究分析招标文件

1. 招标企业的名称、性质和发展的现状与动态

通过对招标企业的名称、性质和发展的现状与动态等信息的了解，第三方物流公司可以对招标物流项目作出直观的判断。

2. 招标物流业务的种类、性质和业务量

招标企业在招标文件中会对招标物流业务进行适当的描述，包括货物的品名、规格、单件重量、包装方式、流量流向和物流服务的要求等。第三方物流公司可以通过解读上述信息，增加对招标项目的了解，为编制物流服务方案和测算物流服务报价提供依据。

3. 招标企业对第三方物流公司的资质要求

招标企业为保证投标企业有能力为其提供物流服务，会对第三方物流公司的资质、资历及物流设备（如运输车辆、仓储设施、装卸设备、信息系统和安全报警装置）等方面提出一定的要求。由于在物流招标过程中招标企业占优势地位，很可能会提出一些高标准的要求，在此情况下，投标企业应该综合考虑，然后采取相应的补救措施。

4. 招标项目的合同有效期

合同有效期直接影响第三方物流公司为此项目追加投资的热情。对于合同有效期较长的招标物流业务，第三方物流公司由于在合作时间方面有所保证，所以为运作此项目追加投资的可能性较大、热情较高；如合同期较短，第三方物流公司在追加投资方面会患得患失、小心谨慎、热情不高。

5. 招标项目的费用结算期

结账周期直接影响第三方物流公司的流动资金占用水平。在目前的物流业务招标项目中，3～6个月的结账周期已成为普遍现象。业务量越大的物流招标项目，结账周期越长。因此，投标企业必须对招标项目的结账周期进行认真分析，综合考虑企业的资金实力、融资能力和资金占用成本三个方面的因素，为在投标文件中提出比较合理的、有一定竞争力的物流服务报价提供依据。

（二）全面收集招标企业的相关资料

投标企业组织力量，全面收集招标企业的相关资料，加深对招标企业的了解是保证投标工作顺利进行、增加中标可能性的重要工作。

1. 了解招标企业的总体状况

投标企业有必要了解招标企业的总体状况，包括招标企业的成长历程、员工人数、产品类型和特点、市场销售模式和销售情况、招标企业所在行业中的地位等。这样可以对招标企业的实力、发展模式、经营管理状况以及运作情况有一个比较全面的认识。

2. 了解招标企业的财务状况

投标企业需要详细了解招标企业的财务状况，通过招标企业的一些细节情况推断其财务状况。如果招标企业与客户的结算期较短、结账情况正常，招标企业的市场销售情况较好，能按时发放员工工资、奖金，员工福利待遇较好等，则基本可以说明招标企业的财务状况良好；反之，招标企业的财务状况则可能存在问题。

3. 了解招标企业的发展趋势

第三方物流公司应该加强对招标企业发展趋势的了解，以规避潜在的风险。投标企业在参加物流业务招标时应谨慎，一定要对招标企业的发展趋势进行深入研究分析。对于在经营、财务、营销等方面存在问题的招标企业，投标企业一定要在结算周期方面多加注意。

4. 了解招标企业的经营管理理念

投标企业通过各种渠道了解招标企业的经营管理理念，对于未来双方的业务合作和解决合作中出现的各种问题是非常重要的。一些有战略眼光的企业比较注重对合作伙伴的培养，帮助合作企业成长，这样的招标企业对投标企业有着强烈的吸引力。

5. 参加标前说明会

招标企业在物流业务招标过程中，为了加强与投标企业的沟通，帮助投标企业了解招标物流业务的具体情况和要求，常常会邀请投标企业参加标前说明会，补充一些重要信息或对招标文件进行说明、解释或澄清。借助标前说明会，投标企业可以与招标企业进行面对面的直接沟通。

（三）与招标企业建立密切联系

在物流业务招投标过程中，招投标双方都希望能够深入地了解对方。邀请招标企业领导或招标小组负责人来第三方物流公司参观考察，择机安排物流企业高层领导与招标企业领导会谈沟通，向招标企业介绍物流企业的经营理念、发展前景和服务意识等，展示投标企业的风采，这对提高投标企业的印象很有帮助。

（四）分析竞标对手的优势与劣势

越是有利可图的物流业务招标项目，参加竞标的物流公司就越多，竞争也就越激烈。因此，投标企业应调查了解各主要竞标对手的情况，分析各主要竞标对手的优势和劣势及它们可能采取的竞标策略等，力争做到知己知彼。

分析各主要竞争对手的物流报价，制订出既有较强竞争力，又有一定利润空间的物流报价，有针对性地编制物流服务解决方案，是提高中标概率的有效途径。

（五）制订投标策略

1. 以物流服务内容为主的竞争策略

除价格竞争外，为招标企业提供具有技术含量的物流服务解决方案，是最具有竞争力的投标策略。物流服务解决方案的编制是一项比较复杂的工作，需要考虑的因素比较多，通常从成本、服务、时效和响应速度等方面考虑。

2. 以增值服务为主的竞争策略

投标企业如果能为招标企业提供一些诸如包装、分装、打包、打板、分拨、整理、清洁、信息采集与信息处理、财务支持、流程优化、物流咨询等配套服务或物流增值服务，则会对招标企业具有很强的吸引力。

3. 以价格竞争为主的竞争策略

在国内物流招投标市场上，物流服务价格已成为决定投标企业能否中标的重要因素。投标企业提供比竞标对手更低的竞争价格，同时保持合理的利润水平，是招标企业确定价格水平的关键所在。这就要求投标企业编制的物流服务解决方案必须更加科学、更加优化，在保证成本运作比竞标对手更低的同时，能达到或超过招标企业要求的物流服务水平和服务质量。

三、投标标书的编制工作

投标标书是整个物流投标活动中最核心、最关键的文件。它由投标企业情况介绍、物流服务解决方案和物流服务报价三个部分组成。投标标书编制的质量将直接关系到投标结果。如果招标项目的物流业务量较大、对投标企业的发展意义重大，而且投标企业内部缺乏高水平的标书编制人员，投标企业则应该考虑聘请相关专家协助完成投标标书的编制工作。

物流项目投标标书是投标企业在深入分析招标企业概况和物流服务需求情况后编制的正式竞标文件，其通常由以下几个部分组成：

（一）商务部分

1. 表达投标意向

此部分内容主要是投标企业表达自愿投标，承诺以拥有的物流服务资源为招标企业提供所需要的物流服务，表达与招标企业友好合作、共同发展的良好愿望。部分招标企业要请投标企业交纳一定的投标保证金，以此为投标确认依据。

2. 企业情况介绍

此部分内容主要是对投标企业的发展现状、发展规划、企业实力、物流管理与运作水平、历史业绩、重点顾客等情况进行全面描述，让招标企业对投标企业有一个比较全面、深刻的了解和认识。同时，投标企业还应该提供相关的证明材料，如企业营业执照、工商税务证明和各种行业获奖证书等。

3. 企业优势介绍

此部分内容主要是重点展示投标企业的优势和专长，充分证明投标企业有能力完成招标的物流项目。通常情况下，该部分内容包括：

1）投标企业的经营管理团队。

2）投标企业的物流运作能力。

3）满足招标企业所需的物流网络。

4）先进的物流信息网络技术。

5）先进的仓储设施、装卸设备等。

6）企业资金实力或融资能力等。

（二）物流服务解决方案

物流服务解决方案是投标企业针对招标企业的实际物流需求提出的招标物流项目整体实施方案。该方案是投标文件中的核心部分，是体现投标企业物流运作能力和管理能力最主要的内容，也是投标标书中最难掌握的内容。

（三）物流服务报价

投标企业根据提供物流服务的类型和复杂程度，结合市场行情、企业操作和管理成本以及竞争需要，向招标企业提交物流服务报价表。在报价表上，要逐页加盖投标企业印章，以表示该报价具有法律效力，并愿意承担相应的法律责任。

能力培养与训练

实训活动：编写简单的投标文件

【活动目的】

本实训活动比较困难，学生在认真学习物流招投标知识的基础上，根据给出的物流招标公告信息编写一份简单的投标文件。

【活动组织】

将班级同学分成若干小组。在组长的带领下，全组成员共同学习，以小组为单位分工协作完成本实训活动。

【活动步骤】

1．认真阅读以下招标公告信息。

厦门×××百货有限公司2010年度国内公路物流运输业务招标邀请公告

厦门×××百货有限公司是一家提供星级酒店和家庭餐具用品的全球化运营企业。公司拥有法国标致、泰国OCEAN、泰国皇家陶瓷、意大利DUENDE等国际知名品牌的中国大区独家代理权，为星级酒店和家庭消费者提供最专业的产品服务，分销网络遍布全国近百个批发市场，与国际连锁超市巨头沃尔玛、麦德龙、家乐福、大润发等建立了合作关系，为500多家超市网点提供玻璃、陶瓷等餐具的供应与配送服务。为了降低物流成本，提高物流服务质量和客户满意度，公司决定对2010年公路干线运输业务进行公开招标。现就招标有关事宜予以公告，竭诚欢迎行业内符合要求的各类物流供应商参加投标。

一、招标项目内容

1．从广州发往全国各地的公路干线运输。

2. 从厦门发往全国各地的公路干线运输。

二、主要承运产品

玻璃、陶瓷和不锈钢餐具、宣传道具等。

三、投标资格要求

1. 物流项目的投标人注册资本不得少于人民币100万元。

2. 本次招标不接受两家及以上供应商联合投标。

3. 运输供应商必须是专业的物流企业，具有三年以上的物流营运经验，并具有铁路或公路运输经营的相关资质证明。

4. 自有车辆不少于20辆（需提供车辆行驶证复印件）。

5. 提供装卸服务，具备抗运输风险能力和运输质量保障能力，愿意承担在运输中造成的损失，同意招标人提供的物流协议条款规定。

6. 提供7天×24小时服务，提供较完整的物流信息网络查询服务。

四、资格审核

中标供应商在签订运输合同之前需要通过××公司总部的相关审查。

五、中标者评价要素

本次招标不采用价低者得的方式，而是综合考虑投标单位的能力，包括成功案例、收货与送货服务、货物保险、运输效率和运费价格等指标。

六、接收标书事项

1. 投标文件接收时间：

2010年3月22日至2010年3月26日下午五点整截止。

2. 投标文件包括文本：

a. 物流合作协议一份。

b. 物流自厦门和广州发货的运输报价表一份（至少包含发货地、收货地、运价、计价单位、承诺运输天数及是否包含保险和提货送货费等）。

c. 投标单位的简介、主要案例、法人授权投标书、营业执照和运输资质证明复印件、车辆行驶证复印件（以上复印件均要求加盖公章）。

3. 投标书快递地址：

厦门市湖里区厦门×××百货有限公司。

厦门×××百货有限公司

2010年3月18日

2. 组长带领全组同学认真分析招标公告。

3. 制订起草投标文件方案并讨论方案。

4. 组长对起草投标文件工作进行分工，小组成员按照分工要求完成相应任务。

5. 组长汇总并向全班同学汇报小组成果。

【活动要求】

以小组为单位，在学习第三方物流服务项目投标工作的理论知识后，充分了解投标标书的特点。通过小组学习的方式，加深对物流项目投标的认识，并以小组为单位完成一份简单的第三方物流企业投标标书。

【考核要求】

通过对第三方物流项目招投标知识的学习与理解，认真分析招标公告，结合已经学习的知识，在小组合作的基础上完成投标文件的编写任务。每位组员的活动表现将成为该组员整体实训活动最终成绩的一部分。

实训评价

<table>
<tr><td colspan="2">被考评人</td><td></td><td colspan="2">考评地点</td><td colspan="2"></td></tr>
<tr><td colspan="2">考评内容</td><td colspan="5"></td></tr>
<tr><td colspan="2">考评指标</td><td>考评标准</td><td>分值/分</td><td>自我评价/分</td><td>小组评议/分</td><td>实际得分/分</td></tr>
<tr><td rowspan="4">专业知识技能掌握</td><td>选择招标项目的原则</td><td>掌握</td><td>10</td><td></td><td></td><td></td></tr>
<tr><td>投标的工作流程</td><td>掌握</td><td>10</td><td></td><td></td><td></td></tr>
<tr><td>投标标书的编写</td><td>掌握</td><td>10</td><td></td><td></td><td></td></tr>
<tr><td>课业完成情况</td><td>各项实训活动完成表现</td><td>20</td><td></td><td></td><td></td></tr>
<tr><td rowspan="4">通用能力培养</td><td>出勤</td><td>按时到岗，学习准备就绪</td><td>10</td><td></td><td></td><td></td></tr>
<tr><td>道德自律</td><td>自觉遵守纪律，有责任心和荣誉感</td><td>15</td><td></td><td></td><td></td></tr>
<tr><td>学习态度</td><td>积极主动，不怕困难，勇于探索</td><td>10</td><td></td><td></td><td></td></tr>
<tr><td>团队分工合作</td><td>能融入集体，愿意接受任务并积极完成</td><td>15</td><td></td><td></td><td></td></tr>
<tr><td colspan="3">合　计</td><td>100</td><td></td><td></td><td></td></tr>
<tr><td colspan="5">考评辅助项目</td><td colspan="2">备　注</td></tr>
<tr><td colspan="3">本组之星</td><td colspan="2"></td><td colspan="2" rowspan="2">两项考评辅助项目是为了激发学生的学习积极性</td></tr>
<tr><td colspan="3">组间互评</td><td colspan="2"></td></tr>
</table>

注：1．实际得分=自我评价 40%+小组评议 60%。

2．考评满分为 100 分，59 分及以下为不及格；60～74 分为及格；75～84 分为良好；85 分及以上为优秀。

3．“本组之星”可以是本次实训活动中突出贡献者，也可以是进步最大者，同样可以是其他某一方面表现突出者。

4．“组间互评”是由评审团讨论后为各组给予的最终评价。评审团由各组组长组成。当各组完成实训活动后，各组组长先组织本组内部进行商议，然后各组组长将意见带至评审团，评价各组整体工作情况，将各组互评分数填入其中。

第六单元　体验仓储作业 6

仓储的货物入库作业和出库作业不仅是整个仓储作业流程不可缺少的环节，而且也体现了第三方物流企业“外联内应”的特点。“外联”即联系供应商和服务客户，“内应”即衔接了仓储内部其他作业环节。

任务一　体验仓库环境

任务描述

仓储作业是第三方物流企业的基本服务内容。那么，仓储作业环境是什么样子的？仓储作业会接触到哪些设备？

任务目标

➲ 技能学习目标

1. 能够掌握仓储的内涵。
2. 能够识别不同的仓库类型和一般仓储设备。
3. 能够有针对性地收集信息并进行有效的整理。

➲ 情感学习目标

1. 能够在体验式学习中遵守纪律，集中注意力，认真倾听和记录。
2. 善于归纳、总结，能够对信息进行分类、分析、处理。
3. 能够产生对仓储的好奇心，准备投入到仓储企业活动中。

情景导入

赤湾港是我国重要的进口散装化肥灌包港口和集散地之一，每年处理进口化肥灌包量均在100万吨以上。赤湾港涉及了对化肥多品种、多形式的港口物流拓展，涵盖了散装灌包、进口保税、国际中转及水路、铁路、公路配送等多项服务。

赤湾港从国外进口化肥的装运采用散装方式，到达港口以后，通过门式起重机的抓斗卸货到漏斗，通过漏斗输送到灌包房，灌包房设有45～51吨/时的散货灌包机28套。利用灌包机将散装化肥灌成每包50公斤装的袋装肥料再进行销售。

赤湾港的散粮钢板筒仓采用美国齐富技术（容量52 000立方米）和德国利浦技术（容量70 000立方米）建造，两大系统功能互享，在最大程度上对粮谷的装卸、输送、计量、储存、灌包、装船、装车、倒仓、策问、通风、除尘、清仓和灭虫等进行科学有效的控制，将进出仓的合理损耗控制在严格的范围内。港运粮食码头对小麦、大麦、大豆和玉米等农产品多品种的分发操作积累了专业技术优势和仓储保管经验。

思考：赤湾港用到了哪些仓储设备和设施？

知识储备

一、仓库的分类

仓库是指保管、储存物品的建筑物和场所的总称。它在生产和消费之间充当着“蓄水池”的作用。仓储是利用仓库及相关设施设备进行物品进库、存储、出库的作业。随着物流业的快速发展，现代仓库不再仅仅用来储存和保管货物，同时具有了对商品进行配送的功能。

仓储作业的形式有很多种类，它们的区别除了取决于仓库的业务模式、设施条件和服务功能等因素外，另一个因素则是仓库的类型。

仓库是物流系统的基础设施，按不同的标准会有不同的类型划分。

1. 按所处的领域分类

1）生产企业仓库。它是指处在生产领域里的物资仓库，是工业企业的一部分，不是一个独立的经济单位。其作用主要是对生产所需的物流需求进行调节。

2）流通仓库。它是指处在流通领域的物资仓库。其作用主要是对市场上商品的供需状况进行调节。

2. 按用途分类

1）自营仓库。它是指由企业或各类组织自营自管，为自身的货物提供储存服务的仓库。

2）营业仓库。它是指按照相关管理条例取得营业许可，向一般企业提供保管服务的仓库，是一种社会化的仓库。它面向社会，以经营为手段，以盈利为目的。

3）公共仓库。它是指面向社会提供货物储存服务，并收取费用的仓库。

4）保税仓库。它是指经海关批准，在海关监管下专供存放未办理关税手续而入境或过境货物的场所。保税仓库是获得海关许可的，能长期储存外国货物的本国国土上的仓库。

3. 按结构和构造分类

按结构和构造分类，可以分为平房仓库、多层仓库（或称楼房仓库）、高层货架仓库（或称立体仓库)、散装仓库和罐式仓库。

4. 按技术处理方式及保管方式分类

按技术处理方式及保管方式分类，可以分为普通仓库、冷藏仓库、恒温仓库和危险品仓库。

5. 按仓库功能分类

（1）储存仓库：主要对货物进行保管，以解决生产和消费的不均衡问题。

（2）流通仓库：除了具有保管功能之外，还能进行流通加工、装配、包装、理货以及配送功能，具有周转快、高附加值、时间性强的特点，从而减少在连接生产和消费的流通过程中商品因停滞而花费的费用。

（3）配送中心仓库：这是人为向市场或直接向消费者配送商品的仓库。作为配送中心的仓库，往往具有存货种类众多、数量较少的现象，要进行商品包装拆除、配货组合等作业，一般还开展配送业务。

6. 按仓库选址分类

按仓库选址分类，可以分为港口仓库、内陆仓库和枢纽站仓库。

7. 按仓库的自动化程度分类

按仓库的自动化程度分类，可以分为普通仓库和自动仓库。自动仓库是指由高层货架、巷道堆垛起重机（又称有轨堆垛机）、入出库输送机系统、自动化控制系统、计算机仓库管理系统及其周边设备组成，可对集装单元货物实现自动化存取和控制的仓库。

二、仓库的环境

仓库的环境包括仓储企业的整体环境和仓库内部环境两大部分。

1. 整体环境

仓储企业的整体环境是指仓储企业主要建筑物、辅助建筑物、行政生活区及绿化带等的构成和位置安排。仓库整体环境布局示意图如图6-1所示。

图 6-1　仓库整体环境布局示意图

2. 仓库内部环境

仓库内部环境不仅包括仓库的面积大小、构造、仓库的层数、仓库内柱子的间距、仓库的高度、仓库通道的布置等，还包括库内区域划分、企业文化等。仓库内部环境布局和设施设备的布置合理与否，关系着仓库作业能否顺利高效地完成。

仓库面积大小视企业规模、能力等因素而定。货物的入库到出库整个仓储作业内容决定了仓库的布局，包括入库验收区、储存区、发货区和设备存放区等基本区域。货架之间的距离既要考虑充分利用仓库空间尽量多地存货，又要考虑叉车运行和转弯的需要。

以武汉武商集团的物流中心为例，该仓库面积达 10 080 平方米，分为若干仓间，货物储存区的货架均为五层高层重量型货架。为了易于快速地给货物定位，该企业采取了字母加数字的方式来给货架编号。货架的高度和堆放货物的多少影响着整个仓库的高度，最高达 10 米左右。货架之间的距离为 3～3.5 米，以便叉车能自如运行和转弯。

三、一般仓储设备

仓储系统是物流的重要环节，合理配置仓库资源、优化仓库管理和提高仓库作业效率，对提高整个物流服务水平有着重要的影响。为了最大幅度地提高作业效率，机械设备的使用是非常必要的，这样既节省了劳动力，又可以减少货损。

（一）仓库保管设备

1. 货架

货架是专门用来存放成件物品的保管设备，在仓库中占有非常重要的地位。仓库管理实现现代化，与货架的种类、功能有着直接的关系。货架的种类较多，其形式也不尽相同。物流中心仓库中常用的货架有：搁板式货架、横梁式货架、流利货架等。

1）搁板式货架储存的货物可以用包装箱盛装直接放在搁板上，所用搁板可以是木板，也可以是钢板，如图 6-2 所示。

2）横梁式货架上没有搁板，一般用来储存托盘单元货物，故也称托盘货架。柱片为装配式结构，横梁与柱片之间采用柱卡插接，并设以安全销锁定。所有通道拐弯处货架的立柱底部均设置了护脚，以防止叉车在行驶中直接撞击货架而使货架受损，提高了操作的安全可靠性，如图 6-3 所示。

图 6-2　搁板式货架

图 6-3　横梁式货架

3）流利货架在存放散货时，一般与标准塑料物流箱或纸箱配合使用，如图 6-4 所示。

图 6-4　流利货架

2. 托盘

托盘是用于集装、堆放、搬运和运输时，放置作为单元负荷物品的水平平台装置。托盘的种类很多，如平板托盘、柱式托盘、箱式托盘和轮式托盘等，如图 6-5 所示。托盘是物流业中最基本的集装单元和搬运器具。

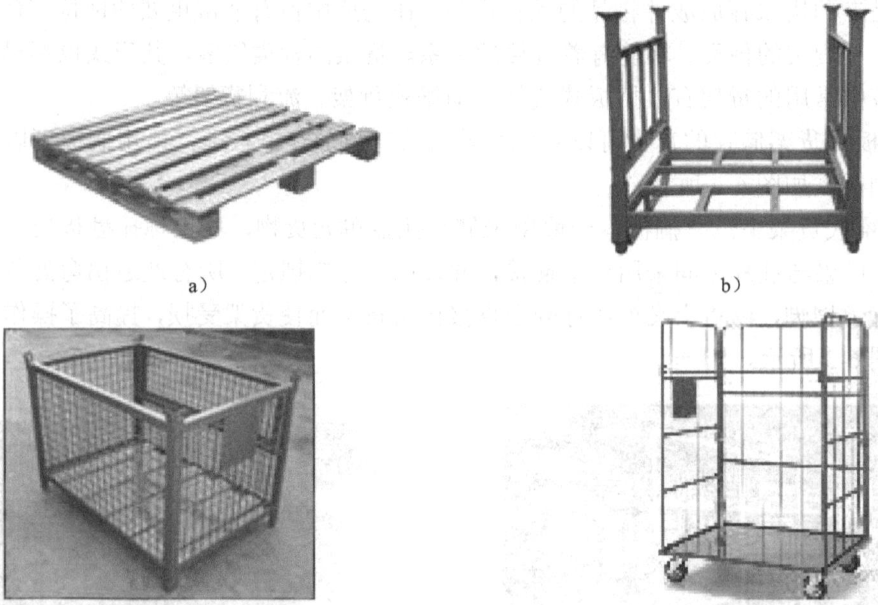

a）　b）　c）　d）

图 6-5　托盘

a）平板托盘　b）柱式托盘　c）箱式托盘　d）轮式托盘

（二）装卸搬运设备

装卸搬运设备主要有手推车、叉车、手制液压托盘搬运车、堆垛机和输送机等。

手推车是一种以人力驱动为主，一般为无动力装置、在路面上水平运输货物的小型搬运车辆的总称，其样式有很多，如图 6-6 所示。

a)

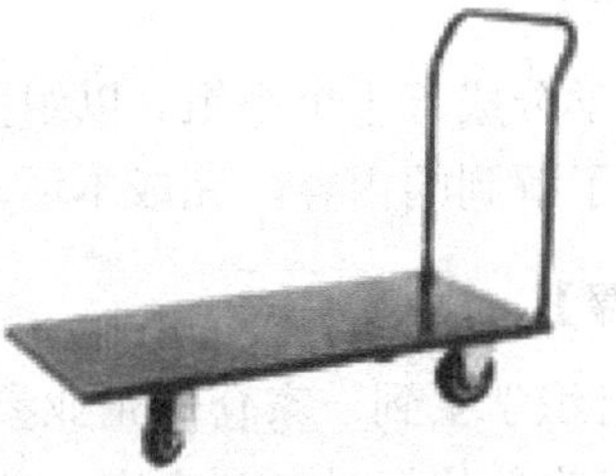

b)

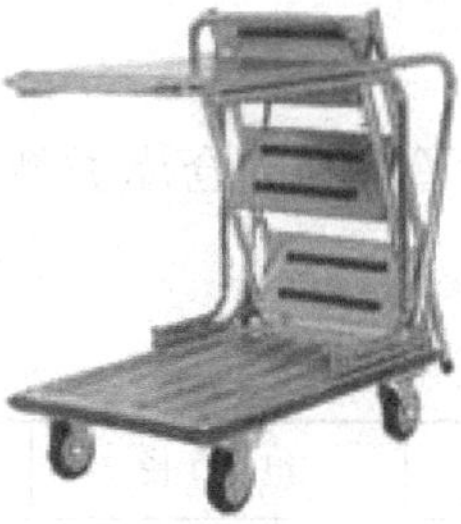

c)

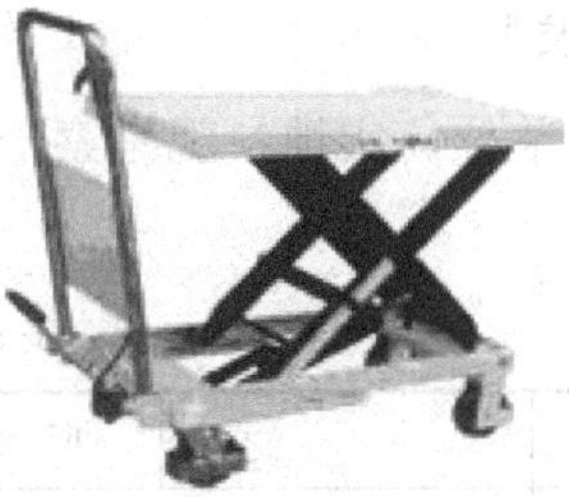

d)

图 6-6　手推车

a）杠杆式手推车　b）手推台车　c）登高式手推车　d）手动液压升降台车

常与平板托盘配套使用的手制液压托盘搬运车，如图 6-7 所示。

叉车在仓储作业过程中是比较常用的装卸设备。它同时具有装卸、起重及运输等方面的综合功能，如图 6-8 所示。

图 6-7　手制液压托盘搬运车

图 6-8　叉车

能力培养与训练

实训活动：走访仓储企业，感知仓库环境

【活动目的】

通过对仓储企业的参观调研，使学生对仓库环境形成感性认识，将理论知识与实践相结

合，达到学以致用的目的。

【活动组织】

将班级同学分成若干个小组。以组为单位，组长管理组员的参观准备情况、参观纪律表现，记录参观了解到的内容，完成本活动。

【活动步骤】

1．教师组织学生到一家仓储企业参观调研。

2．以小组为单位记录参观内容，并整理调研成果。

3．全班同学对调研成果进行交流、讨论并点评。

【活动要求】

以小组为单位，实地参观考察一家物流企业，记录所了解到的仓库类型等内容，填写表 6-1。

表 6-1　仓储企业调研报告

报告人		所在组别		组长	
调研时间			报告完成时间		
调研报告主要内容					
序号	基本调研项目	具体调研内容			
1	调研企业名称				
2	所在地址				
3	仓库类型				
4	仓库面积				
5	企业岗位设置				
6	仓库内的设备				
7	联想设备运用的举例				
8	仓库平面布局图				

【考核要求】

在形成各组的调研成果时，每位组员都必须贡献自己的参观内容和心得，这将成为该组员在本活动中表现的主要组成部分，并将此表现体现在整体实训活动最终成绩之中。

实训评价

被考评人				考评地点			
考评内容							
考评指标		考评标准	分值/分	自我评价/分	小组评议/分	实际得分/分	
专业知识技能掌握	仓储的内涵	掌握	10				
	仓库的分类	掌握	10				
	货架的类型	掌握	10				
	课业完成情况	各项实训活动完成表现	20				
通用能力培养	出勤	按时到岗，学习准备就绪	10				
	道德自律	自觉遵守纪律，有责任心和荣誉感	15				
	学习态度	积极主动，不怕困难，勇于探索	10				
	团队分工合作	能融入集体，愿意接受任务并积极完成	15				
合计			100				
考评辅助项目				备注			
本组之星				两项考评辅助项目是为了激发学生的学习积极性			
组间互评							

注：1. 实际得分=自我评价40%+小组评议60%。

2. 考评满分为100分，59分及以下为不及格；60～74分为及格；75～84分为良好；85分及以上为优秀。

3. “本组之星”可以是本次实训活动中突出贡献者，也可以是进步最大者，同样可以是其他某一方面表现突出者。

4. “组间互评”是由评审团讨论后为各组给予的最终评价。评审团由各组组长组成。当各组完成实训活动后，各组组长先组织本组内部进行商议，然后各组组长将意见带至评审团，评价各组整体工作情况，将各组互评分数填入其中。

任务二　体验货物入库作业

任务描述

对于第三方物流企业，入库作业不仅包含了物流技术作业层面的内容，而且包含了其客户在商务作业层面的内容。它是第三方物流企业体现“外联内应”的衔接环节。本任务的能力培养与训练主要以一个企业作业实情为背景，采用角色扮演法，使学生体验货物入库作业的整个流程，并感知物流企业与客户之间的业务联系。

任务目标

技能学习目标

1. 熟悉入库作业的操作流程。
2. 掌握接运、验收及办理入库的程序。

➲ 情感学习目标

1. 在入库作业过程中，认识到团队合作对完成工作任务的重要性，培养团队精神。
2. 能够在体验式学习中遵守纪律，集中注意力，认真倾听和记录。

情景导入

2010年4月6日，武汉市黄鹤楼物流公司接到广西贵糖有限公司武汉分公司的电话，贵糖有限公司武汉分公司欲向武汉市黄鹤楼物流公司送货30组纯点纯花卫生纸，每组2卷；12提武商专供纯点120抽装抽纸，每提4盒；500ml白云边12°9年陈酿400箱，每箱6瓶。三种货物需入库存放。

思考：

1. 假如你作为武汉市黄鹤楼物流公司的仓库主管，将要做哪些工作？
2. 如何进行货物的入库作业？
3. 入库作业时，双方会涉及哪些岗位人员？

知识储备

由于业务范围、设施装备、管理水平和组织结构等因素的差异会形成现代化程度不同的仓储企业，相应地会出现不同水平的仓储作业，如传统手工仓储作业、基于RFID技术的机械化仓储作业、自动化仓储作业等。下面分别介绍传统手工仓储入库作业流程、基于RFID技术的机械化仓储入库作业流程和自动化立体仓库入库作业流程。

一、传统手工仓储入库作业流程

传统手工仓储入库作业流程包括入库准备、货物接运、货物验收和办理入库四个环节，如图6-9所示。

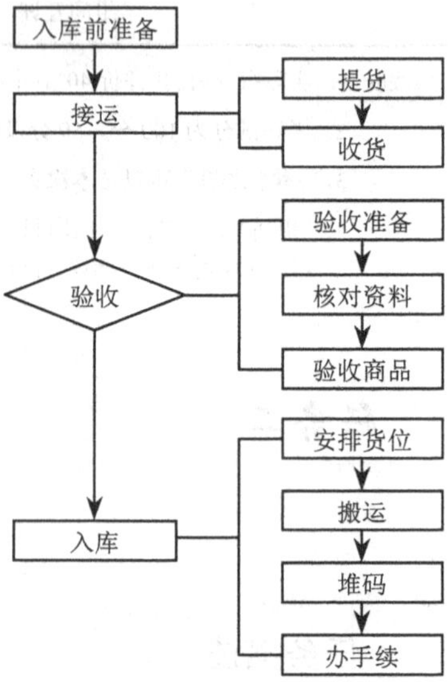

图6-9　传统手工仓储入库作业流程图

（一）入库准备

1. 熟悉入库货物

仓库保管人员要认真做好“功课”，通过提前查阅入库货物资料、询问货主等途径，掌握入库货物的种类、规格、数量、体积、存放要求、到库时间和货物存期等基本情况，并据此进行库场安排。

2. 熟悉仓库条件

要了解确切的到货时间，仓库的库容、设备、人员的变动情况，以便做好仓库的清扫、消毒、清理清查、腾出货位等工作。对待特殊规格的货物，不仅要安排使用特殊设备，而且要考虑仓库环境情况是否能够满足特殊设备的使用条件。

3. 制订仓储计划

仓库业务部门根据货物、仓库、设备制订仓储计划，并将任务下达到各相应的作业单位和管理部门。

4. 安排货位

仓库部门根据入库货物的性能、数量和类别，结合仓库分区分类保管的要求，计算所需货位大小。根据货位使用原则，妥善安排货位，确定堆垛方法、苫垫方案。根据安排对相应货位进行清理清洁工作，检查排水和通风等设备。

5. 验收准备

验收工作应做到迅速、准确。在接到到货通知后，应根据货物的性质和仓库管理制度，提前做好验收前的准备工作，确定验收方法，做好人员、设备、器具、资料和货位的准备工作。对待特殊物品，如有毒有害、放射性货物，需另备有相应的防护用具，并会同有关专门检验部门验收。验收工作要做到有计划、有准备，尽可能提高验收效率。

（二）货物接运

货物接运是指仓库对于通过铁路、水运、公路、航空等方式运达的商品，进行接收和提取的工作。接运的主要任务是准确、齐备、安全地提取和接受商品，为入库验收和检查作准备。接运的方式主要有：车站码头提货、铁路专用线接车、自动提货和库内提货。

（三）货物验收

商品的入库验收要进行数量点收和质量检验。数量点收主要是根据商品入库凭证清点商品数量，检查商品包装是否完整，数量是否与凭证相符。质量检验主要是按照质量规定标准，检查商品的质量、规格和等级是否与标准相符。对于技术性强、需要用仪器测定分析的商品，需要由专职技术人员进行。

（四）办理入库

办理入库是指交货单位与仓库管理员之间所办理的交接工作，主要由接受货物、登账、立卡、建档等环节组成。

1. 接受货物

仓库管理员以送货单为依据，通过货物的检验和理货，将残损货物分离、退回，确定收到货物的确切数量、货物表面状态等。仓库管理员一并接收送货人送交的货物资料、货运记录等随货的相关文件，并留存相应单证。有关单证见表 6-2、表 6-3。

表 6-2 送货单一

No.__________

单位：　　　　　　　　　　　　日期：　　年　月　日

品　名	规　格	单　位	数　量	单　价	金　额	备　注

表 6-3　交接单一

收货人	发布	发货人	物资名称	标志标记	单位	件数	重量	货物存放处	车号	运单号	提料单号
备注：											

提货人：　　　　　　　　　　经办人：　　　　　　　　　　接收人：

2. 登账

货物经过检验后，仓库管理员要根据查验情况制作入库单或库存明细卡，详细记录入库货物的实际情况，对短少、破损等情况要在备注栏内说明。有关单证见表 6-4、表 6-5。

表 6-4　入库单一

No.______

送货单位：　　　　　　入库日期：　　年　月　日　　　　入货仓库：

物资编号	品名	规格	单位	数量	检验	实收数量	备注

会计：　　　　　　　　仓库收货人：　　　　　　　　制单：

表 6-5　库存明细卡一

分页　　总页

存货名称：_____　　规格：_____　　计量单位：________　　库区：_________

年		凭证			收入		发出		结存		其中：(A)			其中：(B)			其中：(C)		
月	日	种类	号数	摘要	批号	数量	批号	数量	批号	数量	批号	数量	库位	批号	数量	库位	批号	数量	库位

3. 立卡

货物入库或上架后，将货物名称、规格、数量或出入状态等内容填在货卡上，称为立卡。货卡又称为料卡、货牌，插放在货物下方的货架支架上，或摆放在货垛正面的明显位置，见表 6-6。不同形式的货物状态卡，如图 6-10 所示。

表 6-6　货卡

物资名称：　　　　　　　　　　规格：　　　　　　　　　　单位：　　　　　　　　　　单价：

年		摘　　要	收 入 数 量	发 出 数 量	结 存 数 量
月	日				

经手人：

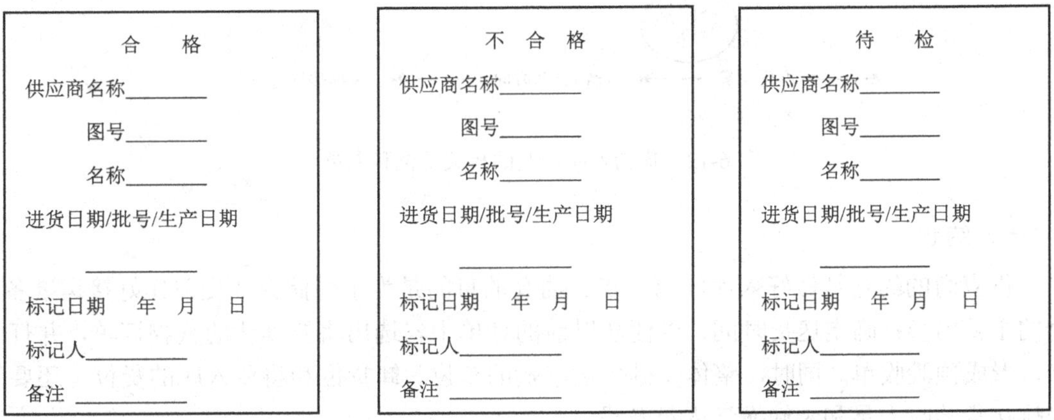

图 6-10　不同形式的货物状态卡一

4. 建档

仓库管理员应对所接收的货物和委托人建立存货档案和客户档案，以便货物管理，保持与客户联系，也为将来可能发生的争议保留依据。存货档案应该一货一档，货物入库、保管、记录、作业安排和资料等原件或复印件应存档。

二、基于 RFID 技术的机械化仓储入库作业流程

基于 RFID 技术的机械化仓储入库作业流程与传统手工入库流程相比要简单得多，有很多程序和工作有所简化，具体入库流程如图 6-11 所示。

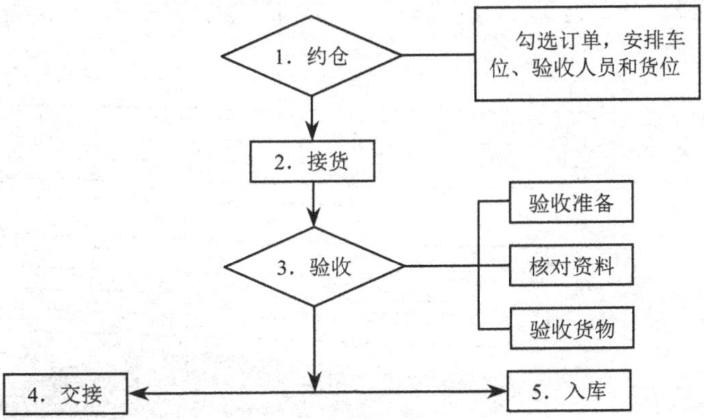

图 6-11　基于 RFID 技术的机械化仓储入库作业流程

在整个入库过程中要涉及的相关单位和人员，如图 6-12 所示。

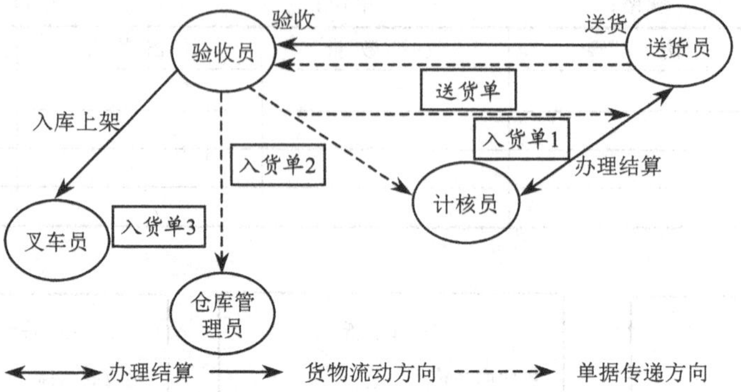

图 6-12　货物入库涉及的相关单位和人员

（一）约仓

与供应商的约仓是做好入库的第一步。约仓的目的是为了仓储企业提前作好接运准备。约仓的主要内容：确定送货时间，以便从以前的订单中勾选出将要到达的货物订单，并打印出来，形成预验收单。同时，整体安排到达车辆的车位、卸货位和将要入库的货位。还要统筹安排接货验收人员和装卸搬运人员及设备。

（二）接货

在机械化作业中，一般以供应商送货为主。仓库方面只需做好接货的准备工作。接货时，需要供应商出示订单和送货清单两种单证。其中，订单往往是由仓储企业自行印制的，相当于订货合同，如图 6-13 所示。送货清单则是供应商根据货物实际出货和运输的数量、品种填制的。由于送货清单是手工填制，所以也将其称为“手工清单”。

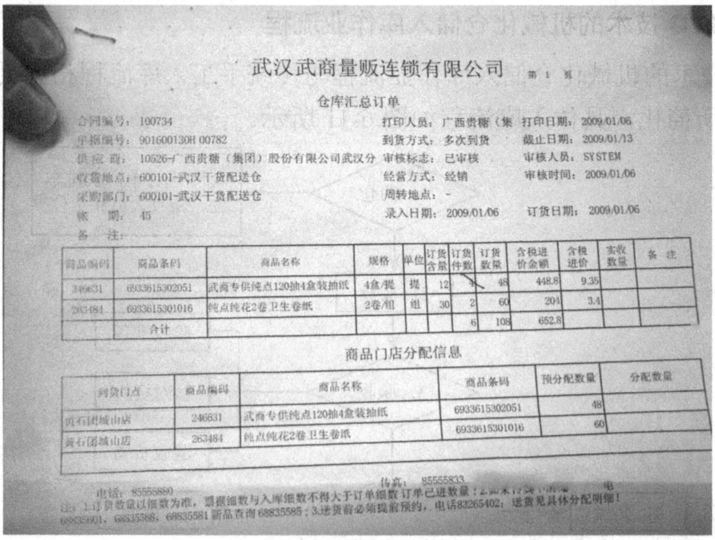

武汉武商量贩连锁有限公司　第 1 页

仓库汇总订单

合同编号：100734　打印人员：广西贵糖（集　打印日期：2009/01/06
单据编号：901600130H 00782　到货方式：多次到货　截止日期：2009/01/13
供应商：10526-广西贵糖（集团）股份有限公司武汉分　审核标志：已审核　审核人员：SYSTEM
收货地点：600101-武汉干货配送仓　经营方式：经销　审核时间：2009/01/06
采购部门：600101-武汉干货配送仓　周转地点：-
帐期：45　录入日期：2009/01/06　订货日期：2009/01/06
备注：

商品编码	商品条码	商品名称	规格	单位	订货含量	订货件数	订货数量	含税进价金额	含税进价	实收数量	备注
246631	6933615302051	武商专供纯点120抽4盒装抽纸	4盒/提	提	12	4	48	448.8	9.35		
263484	6933615301016	纯点纯花2卷卫生卷纸	2卷/组	组	30	2	60	204	3.4		
	合计					6	108	652.8			

商品门店分配信息

到货门点	商品编码	商品名称	商品条码	预分配数量	分配数量
黄石团城山店	246631	武商专供纯点120抽4盒装抽纸	6933615302051	48	
黄石团城山店	263484	纯点纯花2卷卫生卷纸	6933615301016	60	

电话：85555880　传真：85555833
注：1.订货数量以细数为准，票据细数与入库细数不得大于订单细数 订单已进数量；[illegible] 电
68835601、68835568、68835581 新品查询 68835585；3.送货前必须提前预约，电话83265402；送货见具体分配明细！

图 6-13　订单

（三）验收

1. 验收准备

在机械化入库作业中，验收前的准备工作不像传统验收前要准备各种验收工具那样。采取计算机系统管理，在系统初始化时已经将与该仓储企业有业务往来的各供应商的商品进行了材积试算。

> **资料卡**
>
> 材积试算：根据货物的品项、体积或重量等指标预先对货物的包装材料和体积进行试算。
>
> 材积试算的目的是为了收货入库时选择合适的托盘和货架，安排合适的货位；在出库时顺利装车。

2. 核对资料

（1）单证核对：仓储方面将预验收单与供应商的送货清单进行核对。预验收单上的货物品项和数量可能与送货清单上的内容不一致，这时应以验收时货物的实际品项和数量为准。

（2）单货核对：除了单证核对外，还要将预验收单、送货清单与货物的实际品项和数量进行核对，根据实际验收的品项和数量打印出验收单，如图 6-14 所示。送货清单上的内容必须和实际到货情况相符。

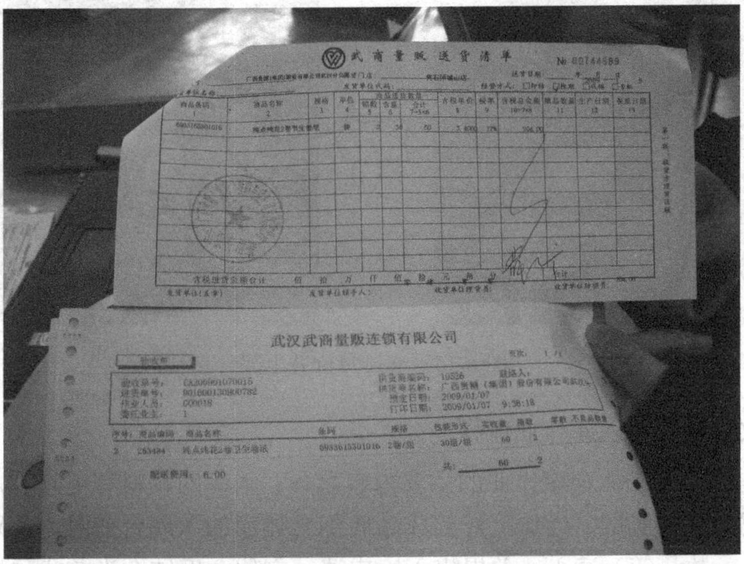

图 6-14　送货清单和验收单相符

3. 验收货物

仓库方面对货物的验收分为全检和抽检两种类型。对于重点管理的关键货物施行全检，即检查到货的所有货物。对于一般货物实施抽样检查。

检查时，验收人员应重点查看的内容：货物的外包装、保质期、含量、是否有“QS”标志等内容。验收货物时，使用 RFID 手持无线电脑终端，扫描货物外包装上的商品条码，该批货物的品种、到库数量、单价和总金额就会即时传输到数据库中，根据实际验收内容打印出“验收单”。

（四）交接

当单货验收相符后，送货人就可以到计核处办理交接手续。送货清单一式四联。

第一联：收货方理货区联，为白色，是交给验收人员留存的。

第二联：收货方会计联，为红色，是交给仓储方面计核处留存做账的。

第三联：发货单位结算联，为绿色，是由送货人带回，交给送货方会计处做账的。

第四联：发货单位存根联，为黄色，是交给送货人留存的。

在仓库计核处，送货人将第一联、第二联交给计核员，办理交接手续。

（五）入库

在送货人办理交接手续的同时，仓库方面也在进行着货物的入库上架作业。这一过程是由调度部门安排叉车组负责完成的。由仓库管理系统给出货物的具体存放货位，再由叉车员将其运送至相应货架和货位，完成货物的入库上架工作，如图 6-15 所示。

图 6-15　安排货位并上架

三、自动化立体仓库入库作业流程

入库任务是自动化立体仓库作业的主要内容之一。入库的物料有毛坯和成品。成品回库任务是通过条码扫描得到的。当加工好的成品回到立体库的入库台前时，条码阅读器将成品的信息（如编号、数量等）读入，并提出入库申请。立体仓库结合当前货位情况，根据货位管理原则为该成品寻找一个合适的空货位，同时形成成品回库任务单。毛坯入库任务是通过入库条码阅读器得到的。其入库任务形成过程与成品回库相同。

能力培养与训练

实训活动：模拟演练入库作业流程

【活动目的】

通过情景演练，体验货物入库的工作流程，根据自己的理解表述出货物入库作业的具体流程，并阐述入库所需核对的单据类型和验收内容，体验各角色在工作中的岗位职责。

【活动组织】

将班级同学分成若干小组。以小组为单位，在组长的带领下完成本活动。

【活动步骤】

1．教师介绍本实训活动的内容、要求及注意事项，介绍各种空白单证，见表 6-7～表 6-10。

2．阅读并分析情景演练案例资料。

武汉市黄鹤楼物流公司接到广西贵糖有限公司武汉分公司的电话，贵糖有限公司武汉分公司欲向武汉市黄鹤楼物流公司送货 30 组纯点纯花卫生纸，每组 2 卷；12 提武商专供纯点 120 抽装抽纸，每提 4 盒；500ml 白云边 12° 9 年陈酿 400 箱，每箱 6 瓶。三种货物需入库存放。

3．写出货物入库作业会涉及的岗位人员：________________________________

4．填写货物入库时涉及的单证，见表 6-7～表 6-10 和图 6-16。

表 6-7 送货单二

No.________

单位： 日期： 年 月 日

品 名	规 格	单 位	数 量	单 价	金 额	备 注

表 6-8 交接单二

收货人	发布	发货人	物资名称	标志标记	单位	件数	重量	货物存放处	车号	运单号	提料单号
备注：											

提货人： 经办人： 接收人：

表 6-9 入库单二

No._______

送货单位： 入库日期： 年 月 日 入货仓库：

物 资 编 号	品 名	规 格	单 位	数 量	检 验	实 收 数 量	备 注

会计： 仓库收货人： 制单：

表 6-10　库存明细卡二

分页　　总页

存货名称：________　规格：________　计量单位：________　库区：________

年		凭证			收入		发出		结存		其中：（A）			其中：（B）			其中：（C）		
月	日	种类	号数	摘要	批号	数量	批号	数量	批号	数量	批号	数量	库位	批号	数量	库位	批号	数量	库位

合　格

供应商名称________

图号________

名称________

进货日期/批号/生产日期

____

标记日期　年　月　日

标记人__________

备注__________

不 合 格

供应商名称________

图号________

名称________

进货日期/批号/生产日期

____

标记日期　年　月　日

标记人__________

备注__________

待　检

供应商名称________

图号________

名称________

进货日期/批号/生产日期

____

标记日期　年　月　日

标记人__________

备注__________

图 6-16　不同形式的货物状态卡二

5．组长为组内成员分配岗位角色，各人明确自己的作业内容，填写表 6-11。

表 6-11　货物入库作业岗位分配表

岗 位 名 称	学 生 姓 名	作 业 内 容

6．各组成员齐心协力，贡献智慧，编写小组情景演练的“剧本”。

7．小组进行情景演练。

8．观众对情景演练的小组及其成员打分评价，见表 6-12。

表 6-12　入库作业流程及单证流转实训评价

考核项目	入库作业流程及单证流转实训		考核方式		小组短剧表演	
考核内容	入库单证的填制 送货员、接单员、验收员、收货员、会计员和仓库管理员的岗位职责					

（续）

项目 姓名	评价项目及评价标准								
	单证填制 （10 分）	剧本编写 （20 分）	角色说明 （5 分）	语言表达 （20 分）	言行一致 （20 分）	职业态度 （10 分）	团队合作 （10 分）	声音洪亮 （5 分）	总分 （100 分）

9．各组互评，教师点评。

【活动要求】

要求学生充分发挥积极性，发挥团队的力量，团队协作，努力完成本项实训活动。

【考核要求】

每位组员能阐述自己的工作内容。教师全程参与，观察每位组员在活动中的表现，并对需要帮助的组员给予帮助。每位组员的活动报告情况将成为该组员整体实训活动最终成绩的一部分。

实训评价

被考评人			考评地点			
考评内容						
考评指标		考评标准	分值/分	自我评价/分	小组评议/分	实际得分/分
专业知识技能掌握	传统手工仓储入库作业流程	掌握	10			
	入库作业涉及的人员	列举	10			
	入库作业涉及的单据	识别，填制	10			
	课业完成情况	各项实训活动完成表现	20			
通用能力培养	出勤	按时到岗，学习准备就绪	10			
	道德自律	自觉遵守纪律，有责任心和荣誉感	15			
	学习态度	积极主动，不怕困难，勇于探索	10			
	团队分工合作	能融入集体，愿意接受任务并积极完成	15			
合　计			100			
考评辅助项目			备　注			
本组之星			两项考评辅助项目是为了激发学生的学习积极性			
组间互评						

注：1．实际得分=自我评价 40%+小组评议 60%。

2．考评满分为 100 分，59 分及以下为不及格；60～74 分为及格；75～84 分为良好；85 分及以上为优秀。

3．“本组之星”可以是本次实训活动中突出贡献者，也可以是进步最大者，同样可以是其他某一方面表现突出者。

4．“组间互评”是由评审团讨论后为各组给予的最终评价。评审团由各组组长组成。当各组完成实训活动后，各组组长先组织本组内部进行商议，然后各组组长将意见带至评审团，评价各组整体工作情况，将各组互评分数填入其中。

任务三

体验货物出库作业

任务描述

货物出库作业既代表着货物保管的结束，又预示着运输、配送的开始。出库管理要在货物出库的同时保证账目平衡。本任务要求学生掌握出库单据的填制和流转。本任务的能力培养与训练分为以下两个阶段。

第一阶段：通过完成流程图的方式，感知出库作业流程，掌握出库过程的主要环节和作业内容。

第二阶段：采用填写空白单证的方式，体验出库单证的填制。

任务目标

技能学习目标

1．能够掌握货物出库作业的流程。

2．能够通过识别货物出库涉及的单证，区别它们的不同用途。

3．掌握货物出库单证的流转和货物出库相关信息的流转方向。

情感学习目标

1．能够在体验式学习中遵守纪律，集中注意力，认真倾听和记录。

2．善于与人合作，在团队中培养共同完成任务的能力。

3．产生了解新知识、发现新问题的好奇心，并能够自主探寻解决问题的方法。

情景导入

今天，武汉武商仓储企业的二号仓库接到武商量贩百胜店的一份提货单，以下货物需出库：100 箱康师傅西红柿牛腩面，每箱 20 包；50 箱奥利奥巧克力味饼干，每箱 15 包；12 提纯点 120 抽装抽纸，每提 4 盒。仓库方面收到该信息后，马上组织人员进行商品的出库作业，出库为客户自提方式。

思考：

1．假如你作为武商仓储企业的仓库主管，将要做哪些工作？

2．如何进行货物的出库作业？

3．出库作业时，双方会涉及哪些岗位人员？

知识储备

一、货物出库管理概述

货物出库作业不仅是货物保管的结束，同时也预示着运输、配送的开始。货物出库管理主要包括货、账两个方面的管理。

货物管理要求仓库按照调拨出库凭证或发货凭证上注明的名称、型号、数量、规格、收货单位、接货方式等条件，进行单证核对、货物点交、发货等一系列作业。

账目管理要求在货物管理的同时，仓库账目和财会账目同时进行更新，并收到新信息，及时登账。

货物出库作业流程主要包括：①接到计划信息后调出货位和存货信息查询，以备使用。②根据提货凭证，管理员指派堆垛机取货。③确认货位信息，将货物送至分拣区并更新货位信息。④货物分拣后出库，修改更新存货信息。出库作业流程，如图6-17所示。

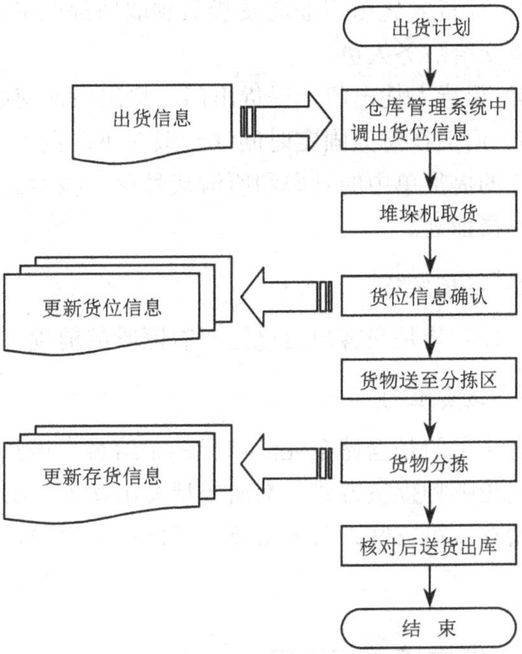

图6-17　出库作业流程图

二、货物出库方式

货物出库方式常见的有三种：客户自提、委托发货、送货上门。

1. 客户自提

客户自提是客户自己派人和运输工具来仓库提货。该提货方式下，出库单证主要有提货单（见表6-13）、出门证、库存明细卡等。不同单位的单证流转会有所不同。

表6-13　提货单一

No.__________

提货单位：　　　　日期：　　年　月　日　　　　发料日期：　　年　月　日

编　号	材料名称	规　格	单　位	提货数量	实发数量	备　注

批准人：　　　　发料人：　　　　提货人：

提货单证的信息流转过程：

1）货主单位签发提货单。仓库保管员在收到提货单后，经审核无误，向提货人开具商品出门证。出门证一式两份，并列明每张提货单的编号。

2）出门证的一联交给提货人，管理人员根据另一联和提货单在库存明细卡发出栏内登账并在提货单上签名，批注出仓吨数和结存吨数，将提货单交给保管员发货。

3）提货人凭出门证向发货员领取所提商品，待货付讫，保管员盖付讫章和签名，并将提货单交给财务人员。

4）提货人凭出门证提货出门，将出门证交给门卫。

5）门卫在每天固定时间（一般在下班前）将出门证交回财务人员，财务人员凭此与已经回笼的提货单中的号码和所编代号逐一核对。如果发现提货单或出门证短少，应该立即追查，不得拖延。

2. 委托发货

委托发货是在客户自己提货有困难的前提下，委托仓库寻找第三方物流公司提供服务。

3. 送货上门

送货上门是仓储企业派自己的车给客户送货的一种出库方式。

无论哪种提货方式，都需要填写出库单。出库单为一式四联，第一联为存根；第二联为仓库留存；第三联为财务核算；第四联为提单，提货人留存。

能力培养与训练

实训活动一：填写货物出库信息，绘制单证流转图

【活动目的】

能根据案例资料，完成出库信息及单证流转图的绘制，体验出库作业中物流企业与客户之间的业务关系。

【活动组织】

将全班同学分成若干小组。活动以小组为单位，在个人独立思考的前提下，共同讨论单证的流转过程，并形成小组讨论结果，全班进行交流。

【活动步骤】

1. 教师介绍本实训活动的内容、要求及注意事项，对下面的案例资料进行说明，并召集各组组长强调活动实施过程中的工作方法。

今天，武汉武商仓储企业的二号仓库接到武商量贩百胜店的一份提货单，以下货物需出库：100 箱康师傅西红柿牛腩面，每箱 20 包；50 箱奥利奥巧克力味饼干，每箱 15 包；12 提纯点 120 抽装抽纸，每提 4 盒。仓库方面收到该信息后，马上组织人员进行商品的出库作

业，出库为客户自提方式。

2．组长回组，与组员制订本实训活动的实施方案，提出要求。

3．在图 6-18 中的空白框横线上填写相关信息，并用文字描述业务流程，表述 A 到 I 代表的意思。

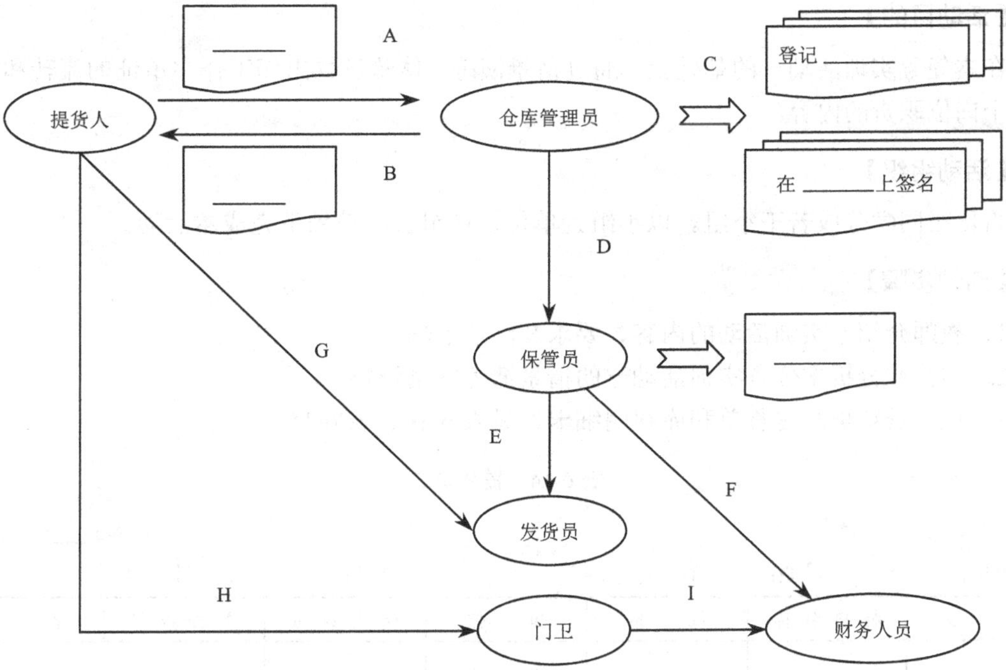

图 6-18　货物出库信息及单证流转图

A________________________________

B________________________________

C________________________________

D________________________________

E________________________________

F________________________________

G________________________________

H________________________________

I________________________________

4．全班交流，并点评。

【活动要求】

每位组员都要发挥各自的主观能动性，在独立思考的前提下与组内成员进行交流。全班交流时，要发挥集体荣誉感和团队精神，及时补充。

【考核要求】

每位组员能阐述自己的工作内容。教师全程参与，观察每位组员在活动中的表现，并对需要帮助的组员给予帮助。每位组员的活动报告情况将成为该组员整体实训活动最终成绩的一部分。

实训活动二：模拟演练出库作业流程

【活动目的】

在本任务实训活动一的基础上，通过情景演练，体验货物出库工作中单证的流转和涉及的每个岗位职责的内容。

【活动组织】

将班级同学分成若干小组。以小组为单位，在组长的带领下完成本活动。

【活动步骤】

1．教师介绍本实训活动的内容、要求及注意事项。

2．阅读并分析本任务实训活动一的情景演练案例资料。

3．根据资料填制提货单和库存明细卡，见表6-14、表6-15。

表6-14　提货单二

No.__________

提货单位：　　　　　日期：　　年　月　日　　　　　发料日期：　　年　月　日

编　号	材料名称	规　格	单　位	提货数量	实发数量	备　注

批准人：　　　　　　发料人：　　　　　　提货人：

表6-15　库存明细卡三

分页　　总页

存货名称：__________　规格：__________　计量单位：__________　库区：__________

年		凭证			收入		发出		结存		其中：（A）			其中：（B）			其中：（C）		
月	日	种类	号数	摘要	批号	数量	批号	数量	批号	数量	批号	数量	库位	批号	数量	库位	批号	数量	库位

4．组长为组内成员分配岗位角色，各人明确自己的作业内容，填写表6-16。

表 6-16 货物出库作业岗位分配表

岗位名称	学生姓名	作业内容
提货人		
仓库管理员		
保管员		
发货员		
财务人员		
门卫		

5．各组成员齐心协力，贡献智慧，编写小组情景演练的“剧本”。

6．小组进行情景演练。

7．观众对情景演练的小组及其成员打分评价，见表 6-17。

表 6-17 出库作业流程及单证流转实训评价

考核项目	出库作业流程及单证流转实训			考核方式			小组短剧表演		
考核内容	出库单证的填制 提货人、仓库管理员、保管员、发货员、门卫、财务人员的岗位职责								
项目 姓名	评价项目及评价标准								
	单证填制（10 分）	剧本编写（20 分）	角色说明（5 分）	语言表达（20 分）	言行一致（20 分）	职业态度（10 分）	团队合作（10 分）	声音洪亮（5 分）	总分（100 分）

8．各组互评，教师点评。

【活动要求】

要求学生充分发挥积极性，发挥团队的力量，团队协作，努力完成本项实训活动。

【考核要求】

每位组员能阐述自己的工作内容。教师全程参与，观察每位组员在活动中的表现，并对需要帮助的组员给予帮助。每位组员的活动报告情况将成为该组员整体实训活动最终成绩的一部分。

实训评价

被考评人			考评地点			
考评内容						
考评指标		考评标准	分值/分	自我评价/分	小组评议/分	实际得分/分
专业知识技能掌握	货物出库管理	掌握	10			
	货物出库方式	掌握	10			
	出库单证	认别、填制	10			
	课业完成情况	各项实训活动完成表现	20			

（续）

通用能力培养	出勤	按时到岗，学习准备就绪	10			
	道德自律	自觉遵守纪律，有责任心和荣誉感	15			
	学习态度	积极主动，不怕困难，勇于探索	10			
	团队分工合作	能融入集体，愿意接受任务并积极完成	15			
合　计			100			
考评辅助项目					备　注	
本组之星					两项考评辅助项目是为了激发学生的学习积极性	
组间互评						

注：1．实际得分=自我评价 40%+小组评议 60%。

2．考评满分为 100 分，59 分及以下为不及格；60～74 分为及格；75～84 分为良好；85 分及以上为优秀。

3．“本组之星”可以是本次实训活动中突出贡献者，也可以是进步最大者，同样可以是其他某一方面表现突出者。

4．“组间互评”是由评审团讨论后为各组给予的最终评价。评审团由各组组长组成。当各组完成实训活动后，各组组长先组织本组内部进行商议，然后各组组长将意见带至评审团，评价各组整体工作情况，将各组互评分数填入其中。

第七单元　体验第三方物流客户服务管理 7

第三方物流在整个供应链中处于一个服务者的姿态，向其各种类型的客户提供个性不同的服务。本单元将直击第三方物流的实质，从商务交流的层面着眼，结合专业知识展开物流客户服务的职业体验。

任务一　体验客户接待

任务描述

随着物流行业的快速发展，物流市场竞争越来越激烈，物流企业提供给客户的服务质量直接关系到物流企业的发展。因此，物流企业接待好客户、做好客户服务工作是尤为重要的。

任务目标

➲ 技能学习目标

1. 能够通过体验式学习和广泛交流，掌握物流企业客户的含义。
2. 能够掌握第三方物流客户服务的含义和特点。
3. 能够理解第三方物流客户满意度的内涵，掌握第三方物流客户满意度评价的指标体系。

➲ 情感学习目标

1. 在调查第三方物流企业客户时要学会转换角色，体验物流企业客户对服务质量的要求。
2. 能够在第三方物流企业客户接待过程中体验到客户服务人员应该具备的素质与态度。
3. 能够体会到第三方物流客户满意度评价的指标体系对物流客户的影响。

情景导入

中外运敦豪客户服务中心于 1997 年成立，一直以来都在以提升客户满意度为目标，致力于成为世界一流的客户服务中心，创造并推动服务竞争优势，以期为客户创造更多的价值。

中外运敦豪客户服务中心现主要负责DHL中国客户呼入业务，公司在北京（北方区）、上海（东方区）、广州（南方区）分别设立区域级呼叫中心，采用全国免费客户服务热线800-810-8000接入，并使用400-810-8000为手机用户提供服务。除了电话，还开通了多种客户沟通和联络渠道。在运营方面执行严格的行业质量标准体系，在预定取件、服务咨询、跟踪查询、服务补救、重要客户支持、电子商务受理过程中精益求精，为客户提供全天候、一站式、个性化的信息、数据和客户服务，与客户建立长期的伙伴关系。

中外运敦豪客户服务中心一直在逐步建立信息反馈机制和质量管理体系，从而确保服务不断提升，实现和衡量客户满意效果。提供的服务有如下几个特色：

1）多渠道。通过多媒体客户互动方式，可以让客户随时随地与客户服务中心畅通联系。

2）一站式。通过客户首次致电解决率和质量监控，确保真正达到一站式服务。

3）全天候。全年365天的不间断热线服务，确保每次联络都可以迅速理解客户的需求，提供准确、详尽的信息和解决方案。

4）个性化。通过主动查询、专人服务、快件保险等增值服务，让全球客户享受个性化的解决方案。

5）高绩效。拥有经验丰富的管理团队，应用标准规划客户服务中心发展方向和远景，并通过流程控制、业务监控等方式合理安排工作时间和人员配备，完成和保持DHL亚太区各项绩效指标的领先地位。

6）满意度。为了确保在每一次联络中都让客户满意，中外运敦豪委托外部专业咨询公司对年度客户满意度进行调查，公司还每两年组织一次员工满意度调查，并通过行动吸引优秀人才继续和公司共同发展。

思考：

1. 中外运敦豪为了满足客户需要，推出了哪些服务业务？
2. 中外运敦豪的服务业务具有哪些特色？

知识储备

一、物流企业客户

人们常常认为客户服务就是面带微笑、礼貌热情。其实，这只是客户服务最基本的表现。不同的物流客户对于第三方物流服务有着不同的要求。一般来说，客户的需求包括情感层面和业务层面的需求。由于每一个企业所经营的产品形态、功能不同，其所面对的客户性质、特点也就不同。

（一）客户含义

客户是指公司或企业所有的服务对象，如公司股东、雇员、经销商、政府部门、社区的居民等。其中包括了企业客户和个人客户。客户是企业的重要资产，也是企业利润的来源。

从内涵上看，客户是指企业的供应商、分销商以及下属的不同职能部门、分公司、办事处、分支机构等；从外延上看，客户是指市场中普遍存在的、对企业的产品或服务有不同需求的个体或消费群体。

（二）客户分类

1. 常规客户

常规客户主要受价格因素的影响，希望从企业那里获得直接好处，获得满意的客户价值。此类客户注重价格，是企业与客户关系中最主要的部分，这直接影响到企业的短期利益。

2. 伙伴客户

伙伴客户希望与企业建立一种长期伙伴关系，建立一种战略联盟，希望从与企业的关系中增加价值，从而获得附加的效益。

3. 关键客户

关键客户除了希望从企业那里获得直接的客户价值外，还希望从企业那里得到更多的利益，这类客户关心商品的质量、价格和服务水平，他们是企业比较稳定的客户，能够给企业带来可观的利润。

（三）客户服务的内涵

客户服务是指为了能够使企业与客户之间形成一种良好的交易关系，企业所能做的一切工作。

在当今激烈的市场竞争环境中，企业只提供一种产品或一项服务是不够的。在买方市场条件下，如果客户服务做得不到位，客户就可能选择其他公司的服务。所以，服务的重要性尤为突出，优质的服务是企业做大、做强的保障。

1. 客户服务的宗旨——客户满意

客户满意是企业竞争取胜的最好手段，它可以使企业获得长期利润。

2. 客户服务的内容——解决客户的问题

客户服务是存在于企业与客户之间互通信息、解决问题的互动过程。它表现在客户不断向企业提出产品或服务上的问题和要求，而企业不断解决客户的难题，并深入探寻，满足客户的新要求，以求得客户的满意。

3. 优质的客户服务——对客户的情感投资

客户服务既是企业对客户利益的转让，又是一种付出诚信、诚意的商业情感投资行为。因此，客户服务是商品交易中最具有人性化的内容。没有情感的沟通与交流就没有客户服务的满意。

4. 客户服务工作不局限于客户服务部门

客户服务工作不仅仅是由客户服务部门独立完成的，其服务内容、服务流程涉及整个企业，是企业各个部门合作的结果，客户需求驱动的对象是企业整体。客户服务部门只是一个窗口，通过它，企业和客户获得彼此的信息。

（四）客户服务的基本要素

1. 客户服务的目的——获得客户的理解和支持

它要求企业在开展客户服务活动时，在保证企业基本利益的前提下最大限度地满足客户的利益需要，以此来促进客户与本企业的相互了解与信任。

2. 客户服务的原则——平等互利，共同发展

进行客户服务时要强调企业利益与客户利益的协调发展，信守与客户一起发展的原则。

3. 客户服务的方式——双向沟通，及时处理客户问题

有效的客户服务是一个不断提升的良性循环过程。一方面，企业通过吸取客户的意见，向客户提供更加完善的产品或服务；另一方面，乐于接受客户意见的企业拥有更多的客户群体，获得更多的客户资源和市场机会。在这个环节中，坚持有效的双向沟通，不是仅仅等待客户提出问题，然后帮助解决，而是主动地去了解客户需求，让企业与客户一起发展。

4. 客户服务的理念——成为企业的一种管理理念

它要自始至终贯穿在企业的经营活动中。客户服务的具体理念就是要系统、全面地掌握客户的购买倾向或实际需求。

（五）物流服务

1. 物流服务的内涵

物流的本质是服务，它本身并不创造商品的效用，而是产生空间效用和时间效用。因此，物流服务是指物流企业为了满足客户的物流需要，开展一系列物流活动的结果。

2. 物流服务的内容

物流服务的内容贯穿于第三方物流企业的业务服务范围中。

在传统意义上，物流服务内容包括：运输与配送、保管、装卸搬运、包装、流通加工以及与其关联的物流信息等。而现代物流服务以客户为中心，充分发挥自身优势，在运输、仓储、配送等功能性服务上不断创新服务内容，为客户提供差异化、个性化的物流服务。

二、第三方物流客户服务

1. 第三方物流客户服务的含义

第三方物流客户服务是指第三方物流企业为了促进其产品或服务的销售，发生在客户（即货主企业）与第三方物流企业之间的活动。客户服务可以从三个角度来理解，如图 7-1 所示。

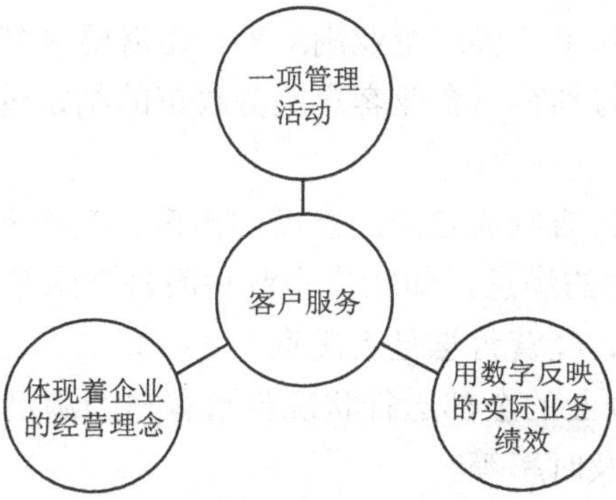

图 7-1　理解客户服务的三个角度

1）客户服务是一项管理活动，如订货处理、客户投诉处理等。

2）客户服务是通过某些参数而反映出来的实际业务绩效，如在 24 小时内实现 98%的订单送货率。

3）客户服务是企业整体经营理念或经营哲学的一部分，而非简单的活动或绩效评价尺度。

2. 第三方物流客户服务的特点

第三方物流客户服务是驱动供应链物流的动力，也是整个物流体系设计和运作的必要组成部分。第三方物流客户服务具有一整套业绩评价体系，它包括：产品可得性、存货百分比、无货损百分比、订货周期和可靠性评价、仓库备货时间、仓库收到的订单与发货的百分比、仓库在规定的时间内把订货送达客户的百分比、最低订货数量、服务体系的灵活性评价、特快发货或延迟发货的可能性、订货的方便和灵活性等。

三、第三方物流客户满意度

（一）第三方物流客户满意度的内涵

客户满意是指客户通过对一个产品或服务可感知的效果与他期望值相比较后所形成的愉悦或失望的感觉状态。

第三方物流客户不仅包括第三方物流企业直接服务的企业客户，同时也包括企业客户的客户。这两大类客户在评价接受到的服务时，出发角度存在着明显差异。这就使第三方物流客户满意度的衡量变得复杂。具体内容如图 7-2 所示。

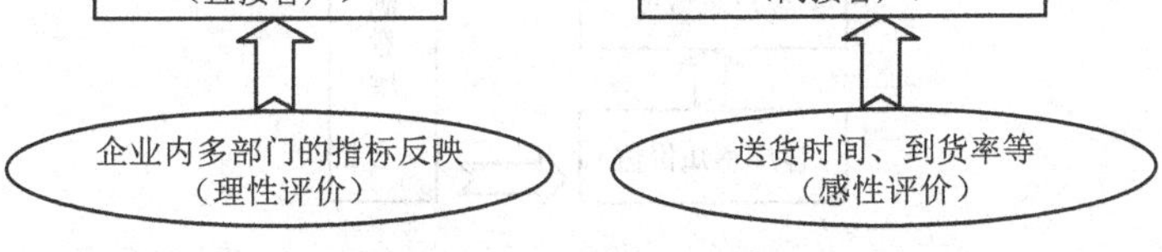

图 7-2　第三方物流客户服务满意度的影响关系

因此，第三方物流企业除了让客户企业满意外，还需要深刻理解客户企业的客户服务政策，有些情况下甚至需要参与到客户企业客户服务政策的制定过程中，以便更好地为客户企业的客户服务。

从企业角度来看，对第三方物流客户满意度的衡量，其内涵应包括四个方面：

1）对物流企业服务理念的满意，即物流企业和服务理念带给客户的满足程度，如客户对物流企业提出的服务宗旨、经营哲学是否满意。

2）行为满意，即物流企业的全部运行状况带给客户的满足程度，如仓储服务中的库存准确率、运输服务中的发货及时率等。

3）形象满意，即物流企业以其具有可感知的外在形象给客户的满足程度，如物流企业的品牌效应、公众形象和亲和程度等。

4）服务满意，即物流服务及其相关服务带给客户的满意程度，如物流企业在服务过程中与客户的沟通情况、物流服务人员的友好态度和对客户需求的理解、物流服务的创造性等。

（二）第三方物流客户满意度价值构成

客户对物流企业提供服务的综合评价反映在物流服务的客户价值上。

物流服务的客户价值是在特定环境和条件下，客户对感知质量和感知付出权衡的综合结果。这一概念可以理解为大家常说的“性价比”。

并非所有客户都会选择质量最好的物流服务。只有客户感知价值优异的物流服务，才是真正适销对路的企业产品。

物流服务的客户感知价值与客户忠诚度、物流企业价值及物流企业形象有着密切的关系。物流服务的客户感知价值直接影响客户忠诚度，客户忠诚度决定物流企业价值，而物流企业价值又直接影响企业竞争力，关系物流企业形象。企业员工满意度和客户感知价值是物流企业能够控制的两个重要变量。通过提高物流企业员工满意度，激发员工为客户服务的热情，提高物流服务质量，创造出优异的客户价值，从而培养客户的忠诚感，提高物流企业价值。物流企业价值提升有助于从价格、服务质量和企业形象等方面提高物流服务的客户感知价值。

客户感知价值、物流企业形象与员工满意度之间的关系如图 7-3 所示。

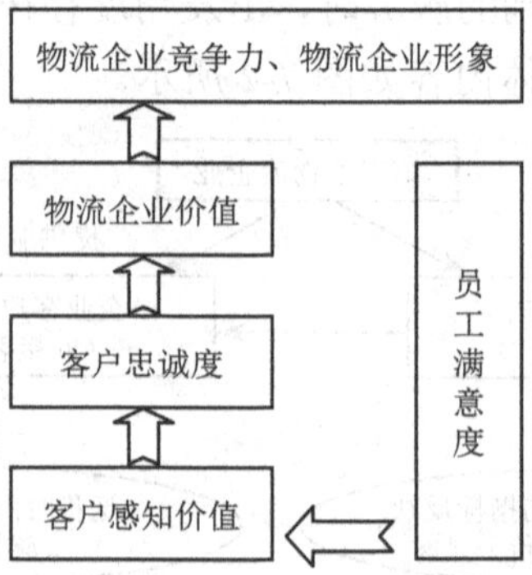

图 7-3　客户感知价值、物流企业形象与员工满意度的关系

（三）第三方物流客户满意度评价的指标体系

1. 构建指标体系的原则

构建一套完整系统的评价指标体系是准确测量满意度的基本前提。一般来说，可以遵循以下原则来完成整个评价指标体系的建立。

（1）系统性原则：绩效评价体系不应只局限于对局部和成本的考查和控制，还应从整体上进行评价。

（2）全面性原则：在第三方物流企业信息尽量充分的前提下，所选指标数目应尽可能少，简洁明了，各指标之间不应有强相关性，不应出现过多的信息包容和涵盖，以防止指标内涵重叠。

（3）客观性原则：必须保证评价的客观性，必须弄清评价资料是否全面、可靠、正确，防止评价人员的倾向性，并注意人员的组成应具有代表性。在进行指标体系设计时，要尽量加大可直接量化指标的比重，以减小人的主观因素对评价结果的影响。

（4）重要性原则：客户的服务需求是变动的，具有动态性的特点，指标的重要性会因分析对象的不同而有所变化。

（5）可比性原则：在不同的时间不同公司之间、同一公司下属的不同分公司之间，客户满意度评价应该具有可比性，且对每一个评价对象是公平的、可比的，指标体系中不能包括一些仅仅是单个个体具有的指标。因此，在具体的企业案例分析中应相应地确定各指标因素的权重。

2. 指标体系的构建

第三方物流客户满意度评价共有两级指标。

一级指标包括物流企业形象、物流服务质量、员工服务的专业性和业务创新能力四个维度的评价指标。

二级指标包括 19 个维度的评价指标，与物流服务质量、员工服务的专业性和业务创新能力三个方面相辅相成。其中，物流服务质量是根基，员工服务的专业性是保证，业务创新能力是发展动机，物流企业形象是物流服务质量、员工服务的专业性和业务创新能力三者结合发展的结果。基于专家打分，确定一级指标权重和由一级指标分解的二级指标的权重，见表 7-1。

表 7-1　第三方物流顾客满意度评价指标体系

一级指标及其权重	二 级 指 标	二级指标权重
物流企业形象（权重 0.2）	物流企业品牌形象	0.12
	物流企业公众形象	0.08
物流服务质量（权重 0.3）	运输网络的覆盖程度	0.03
	随时提供服务能力	0.03
	差错率	0.03
	客户服务快速响应能力	0.03
	准时到达率	0.03
	订单跟踪能力	0.03

（续）

一级指标及其权重	二 级 指 标	二级指标权重
物流服务质量（权重 0.3）	服务灵活性	0.03
	服务完整性	0.03
	对客户抱怨的处理能力	0.03
	服务质量的一致性和稳定性	0.03
员工服务的专业性（权重 0.2）	工作人员的专业知识水平	0.06
	工作人员的友好性	0.04
	与客户信息沟通的频率	0.05
	与客户信息沟通的满意程度	0.05
业务创新能力（权重 0.3）	提供个性化服务能力	0.1
	推出新服务能力	0.1
	业务改进能力	0.1

能力培养与训练

实训活动一：情景模拟演练——客户接待

【活动目的】

通过角色模拟扮演教学法，让一部分学生扮演客户，另一部分学生扮演第三方物流企业的客户服务人员，其中主要角色是第三方物流企业的客户服务人员。根据给出的情景来模拟演练物流客户接待的过程，让学生在演练过程中体会工作岗位的职责与职业情感。

【活动组织】

将班级学生分成三种角色，第一种是客户，第二种是第三方物流企业的客户服务人员，第三种是没有扮演任务的观众同学。每种角色都有自己相应的任务。扮演客户的学生，其主要任务是体会客户的需求；扮演第三方物流企业客户服务人员的学生，其主要任务是体会服务的重要性及服务接待的过程与礼仪。观众学生要学会欣赏与评价。通过这种方式来感知第三方物流客户的接待。

【活动步骤】

1．教师介绍本实训活动的内容、要求及注意事项，介绍实训情景。

A公司是从事女装销售工作的，旗下经营的门市网点遍布武汉市中心各大商场。A公司希望选择第三方物流公司来帮其完成整个销售物流服务。A公司的营销经理来到第三方物流公司洽谈合作的相关事宜。

2．角色分配与分工：全班学生可以分成若干个小组，分别进行模拟演练，并进行横向比较。

3．演练结束后，请表演者分享体会。

4．教师点评各组的演练情况，指出在接待过程中需要注意的问题和待改进的地方。

【活动要求】

在进行情景模拟演练过程中，要求学生体会第三方物流客户服务的重要作用，以及需要哪些物流客户服务知识，特别是接待客户的礼仪规范，并完成下面问题：

1）第三方物流客户服务接待的过程是什么？

2）编写一份客户接待登记表。可以从客户基本信息、客户来访目的、客户需求特点及客户要求等方面着手编写。

3）角色模拟前期准备——编写“情景剧本”。

【考核要求】

有角色扮演任务的同学要作好扮演准备，扮演时要力求真实，并分析自己所扮演的角色需要的知识，演练结束后将感受与全班同学分享，老师进行点评。

实训活动二：调查第三方物流客户服务满意度

【活动目的】

调查第三方物流企业的经营理念，通过调查了解客户使用第三方物流服务后的感受，分析满意的客户服务对企业的影响及其重要作用。

【活动组织】

将班级同学分成若干小组。在组长的带领下全组成员共同学习，完成本活动。

【活动步骤】

1．教师介绍本实训活动的内容、要求及注意事项，并召集各组组长强调实训活动实施过程中的注意事项。

2．组长回组，与组员制订本实训活动的调查方案，并选择调查对象。

3．对使用第三方物流服务的公司进行调查。

4．各组编写调查报告。

【活动要求】

以小组为单位，在学习相关理论知识后能够根据所提供的调查问卷（见表 7-2）去调查使用第三方物流服务的公司，了解客户满意度及其对企业的影响与重要性。

表 7-2　第三方物流客户服务满意度调查表

尊敬的客户：

您好！非常感谢您在百忙之中参加我们的客户满意度调查。为了我们进一步研究第三方物流客户服务的有关问题，请您配合我们完成以下问题：

1．您公司使用的第三方物流公司是______。

2．您对该企业及企业物流品牌的印象如何？

A．很满意　　B．较满意　　C．一般　　D．不太满意　　E．很不满意

3．您对该企业对外形象（如员工统一衣着、企业文化、环保等）的印象如何？

A．很满意　　B．较满意　　C．一般　　D．不太满意　　E．很不满意

4．您如何看待该企业的物流能力？

A．很满意　　B．较满意　　C．一般　　D．不太满意　　E．很不满意

（续）

5．您对该企业订单处理的及时性满意程度如何？

A．很满意　B．较满意　C．一般　D．不太满意　E．很不满意

6．您认为货物准时送达率为______时，您很满意；您觉得货物准时送达率低于______时，您很不满意；最近三个月内，该企业的货物准时送达率为______。

7．您认为货物完好送达率为______时，您很满意；您觉得货物完好送达率低于______时，您很不满意；最近三个月内，该企业的货物完好送达率为______。

8．您对该企业员工在业务咨询、洽谈、文书往来及联络方面的工作的看法如何？

A．很满意　B．较满意　C．一般　D．不太满意　E．很不满意

9．您对该企业订单处理的便捷性的看法如何？

A．很满意　B．较满意　C．一般　D．不太满意　E．很不满意

10．您对该企业根据需要为您定制的物流服务的看法如何？

A．很满意　B．较满意　C．一般　D．不太满意　E．很不满意

再次感谢您对我们调查的支持！祝您愉快！

【考核要求】

认真阅读第三方物流客户服务满意度调查表，了解客户对第三方物流企业提供的服务要求与质量。在组织调查过程中，以小组为单位，组长要负责分工与协调工作。通过调查加深对客户满意的理解。

实训评价

被考评人			考评地点			
考评内容						
考评指标		考评标准	分值/分	自我评价/分	小组评议/分	实际得分/分
专业知识技能掌握	客户服务的内涵	掌握	10			
	第三方物流客户服务的含义及特点	掌握	10			
	第三方物流客户满意度评价的指标体系	掌握	10			
	课业完成情况	各项实训活动完成表现	20			
通用能力培养	出勤	按时到岗，学习准备就绪	10			
	道德自律	自觉遵守纪律，有责任心和荣誉感	15			
	学习态度	积极主动，不怕困难，勇于探索	10			
	团队分工合作	能融入集体，愿意接受任务并积极完成	15			
合计			100			
考评辅助项目					备注	
本组之星					两项考评辅助项目是为了激发学生的学习积极性	
组间互评						

注：1．实际得分=自我评价40%+小组评议60%。

2．考评满分为100分，59分及以下为不及格；60～74分为及格；75～84分为良好；85分及以上为优秀。

3．“本组之星”可以是本次实训活动中突出贡献者，也可以是进步最大者，同样可以是其他某一方面表现突出者。

4．“组间互评”是由评审团讨论后为各组给予的最终评价。评审团由各组组长组成。当各组完成实训活动后，各组组长先组织本组内部进行商议，然后各组组长将意见带至评审团，评价各组整体工作情况，将各组互评分数填入其中。

任务二

处理客户投诉

任务描述

第三方物流企业每天都要进行庞大、复杂的物流服务活动，要做到每一项业务都使所有客户满意是比较困难的，难免会有客户对物流企业提供的服务感到不满意而投诉的情况。那么处理客户的投诉，减少客户的困扰，让客户对企业产生好感，加强客户对物流企业的理解，就显得尤为重要了。

本任务要让学生知道物流客户为什么会投诉，一般会在哪些方面进行投诉以及如何处理好客户的投诉问题。在实训活动中，通过教师创设的情景，让学生模拟演练，学习和体会处理客户的投诉问题。

任务目标

技能学习目标

1. 能够理解物流客户投诉的意义。
2. 能够描述处理客户投诉的流程。
3. 能够掌握客户投诉处理技巧。

情感学习目标

1. 能够在实训活动中逐渐体会客户服务人员的职业素质，以积极健康的心态面对各种突发事件。
2. 逐渐增强对企业的集体荣誉感。

情景导入

崔先生于2010年1月18日委托A物流有限公司承运一批家具和工具回青岛，当时打包后共53件。“我当时和物流公司的工作人员一同清点了货物，并且逐一编号装车。”崔先生回忆说，“我还交纳了货价千分之五的保险费用，并约定送货到屋中。他们承诺1月20日将货物运到。”这些事宜都落实在双方签订的物流运输合同中。办完手续后，崔先生以为万事大吉，便回到了青岛。没想到货物没有按时送到青岛，直到1月22日上午，他才等到货物。可来送货的不是A物流有限公司，而是另一家物流公司，而且对方表示只能把货物送到门口。经过一番交涉无果，崔先生只好自己花钱雇人卸车。可是在清点货物的时候，他发现货物有损坏和丢失现象。“这是我最担心的事情，没想到还是发生了。”崔先生说，“原来包装电缆的纸箱不见了，里面的两捆电缆散落，而这本应该是一件货物，编号为7号，且编号为26号的微波炉也丢失了。除此之外，还有置物架、储物柜、电脑机箱、进口餐具等多件物品出现破损。”

思考：

1. 如果你是这位客户，你准备怎么进行投诉？
2. 如何才能避免此类投诉的发生？

知识储备

一、物流客户投诉的意义

1. 改进物流服务中的失误

物流企业可以从客户的投诉、建议与意见中发现自身经营管理上存在的问题，客户投诉有利于纠正物流企业服务过程中的问题和失误，发现物流运输和存货中存在的问题，并且物流企业还可以利用客户投诉，有意识地给相关物流服务部门施加压力，不断地改进或改善工作。

因此，客户投诉管理不仅仅是单纯地处理投诉或满足客户的需求，还是一种非常重要的改进物流企业经营管理水平的因素。

2. 获得再次赢得客户的机会

向物流企业进行投诉的客户一方面要寻求公平的解决方案，另一方面也说明他们并没有对企业绝望，而是希望企业再尝试一次。企业积极且系统地处理来自客户的咨询、建议与投诉，通过补偿客户在利益上的损失，可以赢得客户的原谅和信任，维护物流企业的良好形象，保证物流企业与客户关系的稳定和发展。物流企业不仅要注意与客户的短期交易，更应该重视建立和保持客户忠诚度的每一个细节，与客户建立、维持良好的关系。从这个意义上来说，物流企业不应该惧怕客户投诉，而应该热情地欢迎客户投诉。

3. 建立和巩固良好的物流企业形象

客户投诉如果能够得到迅速、真诚的解决，客户的满意度就会大幅提高，他们常常会把自己的经历与别人分享。客户的这些正面口碑不仅可以增强现有客户对物流企业的信心，还可以对潜在客户产生影响，有助于物流企业在社会公众中建立起将客户利益置于首位、真心实意为客户着想的良好形象。优秀的物流企业都会加强同客户的联系，都非常善于倾听客户的意见，不断纠正物流企业服务过程中的失误，补救和挽回给客户带来的损失。维护企业声誉，提高物流企业形象。

二、物流企业客户投诉的原因

让客户满意是处理客户投诉的最终目的。物流企业不仅要化解客户投诉，使问题得到圆满解决，从而使客户满意，还要利用客户投诉，充分检讨与改善物流服务能力。客户投诉第三方物流企业的主要原因及具体表现见表 7-3。

表 7-3　物流企业客户投诉的原因及具体表现

客户投诉原因	具 体 表 现
业务操作人员失误	计费重量确认有误；货物包装破损；单据制作不合格；报关、报验出现失误；运输时间延误；结关单据未及时返回；舱位无法保障；搬运过程中货物丢失或损坏
销售人员失误	结算价格与所报价格有差别；与承诺的服务不符；对货物运输过程监控不力；与客户沟通不够；有意欺骗客户
供方操作失误	运输过程中货物丢失或损坏；送货或提货时不能按照客户要求进行操作；承运工具和客户要求不一致
客户自身失误	客户方自身操作失误，但为了免于损失而转嫁给第三方物流企业；客户方的业务员有自己的物流渠道，由于上司的压力而被迫与第三方物流企业合作，在合作中故意刁难
不可抗力因素	天气、战争、罢工、交通事故等造成的延误或损失

三、处理客户投诉的流程

1. 记录客户投诉内容

利用客户投诉登记表（见表 7-4），详细记录客户投诉的主要内容，如投诉人、投诉对象和投诉要求等。

表 7-4　客户投诉登记表

编号：

<table>
<tr><td>首问责任人</td><td></td><td>投诉接到时间</td><td></td></tr>
<tr><td>客 户 名 称</td><td></td><td>地　　址</td><td></td></tr>
<tr><td>联　系　人</td><td></td><td>电　　话</td><td></td></tr>
<tr><td>E-mail</td><td></td><td>手　　机</td><td></td></tr>
<tr><td>客 户 类 型</td><td></td><td>公司业务联系人</td><td></td></tr>
<tr><td colspan="4">处　理　情　况</td></tr>
<tr><td colspan="2">1. 立即答复并已解决问题</td><td colspan="2">2. 登记并交行政部</td></tr>
<tr><td colspan="4">行政部协调结果：
责任方：　　　　　　　　理由：
解决方案：</td></tr>
<tr><td colspan="4">承办人解决问题的进展：</td></tr>
<tr><td colspan="4">客户对解决措施的满意情况：
非常满意 □　　满意 □　　一般 □　　不满意 □　　非常不满意 □
证明人：　　　　　　　　日期：　　年　　月　　日</td></tr>
<tr><td colspan="4">最终处理结果：</td></tr>
<tr><td colspan="4">投诉事件分析后的启示、建议：</td></tr>
<tr><td colspan="4">相关责任人的处理意见：</td></tr>
<tr><td colspan="4">备注：</td></tr>
</table>

注：处理意见相关栏目需签名并注明日期。

2. 判断投诉是否成立

了解客户投诉的主要内容后，要确定客户投诉的理由是否充分，投诉要求是否合理。如果投诉不能成立，即可以婉转的方式答复客户，取得客户的谅解，消除误会。如果投诉成立，则进入下一个处理环节。

3. 确定投诉处理部门

根据客户投诉的内容，确定相关的具体受理单位和负责人。如属于运输问题，交运输部门处理。

4. 投诉处理部门分析投诉原因

查明客户投诉的具体原因及造成客户投诉的具体负责人。

5. 提出处理方案

根据实际情况，参照客户的处理要求，提出解决投诉的具体方案，如退货、换货、维修或赔偿等。

6. 提交主管部门批示

对于客户投诉的问题，主管部门要予以高度重视，应对投诉的处理方案进行认真负责的研究，并及时作出批示。根据实际情况，采取一切可能的办法挽回已经发生的损失。

7. 实施处理方案

客户服务人员将处理方案通知客户，并尽快地收集客户的反馈意见。对直接负责人和部门主管要按照物流公司管理规定进行处罚。

8. 总结评价

对客户投诉处理过程进行总结与综合评价，吸取经验教训，提出整改意见，不断完善物流企业经营管理水平和服务能力，以提高客户服务满意度。

四、客户投诉的途径

客户投诉的途径如图 7-4 所示。

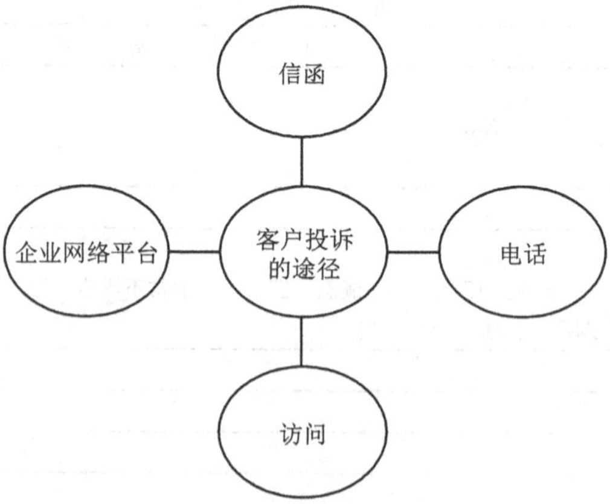

图 7-4　客户投诉的途径

1. 利用信函

当客户服务部门收到客户投诉的信函时，应立即回复通知客户已经收到，并告知客户投诉正在处理中；同时，把客户投诉的相关内容输入到投诉处理系统中，便于查询处理进度，按照投诉处理流程进行处理。

信函投诉的主要优点是便于记录和保持，有较高的证据性；缺点是信函投诉单方面的记述使物流企业核实难度加大，影响处理效率，而且客户寄出的信函和企业回复的信函用时较长。

2. 利用电话

很多企业设立免费投诉电话，使客户在全国任何地方都可以向物流企业总部进行投诉。由于电话投诉一般看不到客户的面孔，所以要求接待人员设身处地为客户着想，换位思考，假设自己处在客户同样的情况下会有什么样的心情，希望得到什么样的帮助。接待人员应尽可能地询问并记录清楚投诉问题，如何时、何地、何人、发生何事和结果如何等。

3. 利用访问

有些客户会亲自上门到第三方物流企业来投诉，他们不仅要花费时间和精力，还需要支付交通费用等。因此，这些客户的期望值很高，希望通过与企业面对面的沟通来解决问题。接待人员要认真倾听并详细记录投诉内容。

4. 利用企业网络平台

有些第三方物流企业在网上建立了自己的网站，不仅可以招揽客户，同时也提供了一个在线投诉的平台。这是目前比较先进的投诉手段，甚至可以提供与在线客户服务人员的沟通服务。网络平台使投诉更加方便，同时也可以进行信息化处理。

五、客户投诉处理技巧

1. 虚心接受客户投诉，耐心倾听客户诉说

客户只有在利益受到损害时才会投诉，客户服务人员要专心倾听，并对客户表示理解，作好记录。待客户叙述完后，复述其主要内容并征询客户意见。对于较小的投诉，客户服务人员自己能解决的应马上答复客户。对于当时无法解答的，客户服务人员要作出时间承诺。在处理过程中无论进展如何，到承诺的时间一定要给客户答复，直至问题解决。

2. 设身处地，换位思考

当接到客户投诉时，首先要有换位思考的意识。如果是企业的失误，要代表企业表示道歉，并站在客户的立场上为其设计解决方案。对问题的解决，也许有多套解决方案，可将自己认为最佳的一套方案提供给客户；如果客户提出异议，可再换另一套方案，待客户确认后再实施。当问题解决后，至少还要有一到两次征求客户对该问题的处理意见，争取下一次的合作机会。

3. 承受压力，用心去做

当客户的利益受到损失时，着急是不可避免的，以至于会提出一些过分的要求。客户服务人员应能承受压力，面对客户始终面带微笑，并用专业的知识、积极的态度去解决问题。

4. 有理谦让，处理结果超出客户预期

纠纷出现后，客户服务人员要用积极的态度去处理，不应回避。客户服务人员要让客户了解每一步进程，争取圆满解决并使最终结果超出客户的预期，让客户满意，从而在解决投

诉的同时抓住下一次商机。

六、正确处理投诉

当客户的投诉得到满意的解决时，他们一般会继续做企业的忠实客户，并会向朋友和同事们讲述自己的投诉是怎么被解决的。但是，那些投诉未得到解决的客户呢？他们可能继续抱怨，并把他们的遭遇告诉周围的人。因此，处理投诉的最终目的是使客户满意。那么，如何使投诉的客户感到满意呢？

1. 鼓励客户投诉

要在企业内建立尊重每一位客户的企业文化，并通过各种渠道告知客户拥有的投诉权利。更重要的是让全体员工，而不仅仅是客户服务人员认识到客户投诉可为企业提供取得竞争优势的重要线索，而不是给工作带来麻烦。

为鼓励客户直接向企业反映情况，企业应该制订明确的产品和服务标准及补充措施，清楚地告诉客户如何进行投诉及可能获得的结果。

在此基础上，还要增加接受和处理投诉的透明度，设立奖励制度，鼓励客户投诉，督促员工积极接受并处理客户投诉，从而加强客户与企业、企业与员工之间的理解。

2. 方便客户投诉

方便客户投诉的途径主要有：

1）在物流服务宣传册中注明投诉的部门、联系方式和工作程序。

2）尽可能降低客户投诉成本，减少其在投诉上所花费的时间、精力和金钱等。

3）设立免费的800投诉电话来接受客户投诉或意见。

4）利用计算机和互联网。在接受客户投诉后，将客户的服务记录迅速调出，传送到解决此投诉所涉及的相关部门，提高处理客户投诉的效率。

3. 迅速处理客户投诉

客户投诉之后，企业就要及时解决客户的不满。为此，第三方物流企业应该成立处理客户投诉的部门，并建立处理客户投诉的系统，形成高速、专业的客户投诉处理工作流程。

另外，为了避免客户投诉过程中对问题的一遍遍重复，企业要有一个完备的客户投诉记录系统，将客户的不满在第一次投诉时就详细地记录下来，并及时传送给需要参与解决此问题的负责人。

能力培养与训练

实训活动一：分析客户投诉案例

【活动目的】

通过阅读案例，分析第三方物流企业为什么会遇到客户投诉，以及客户投诉对于物流企业发展的重要作用。

【活动组织】

将班级同学分成若干小组，请同学阅读案例，并根据所学习的知识分析案例；组长引导大家进行讨论，并总结汇报讨论结果。

【活动步骤】

1. 教师介绍本实训活动的内容、要求及注意事项，将学生分成若干小组，组织大家阅读案例。

2. 各组成员在组长的引导下分析案例，并在小组内进行讨论，组长记录并归纳讨论结果。

3. 各组派代表在全班同学中汇报讨论结果。

4. 教师点评，并总结客户投诉对第三方物流企业的作用与影响。

【活动要求】

请同学们阅读下面关于客户对于第三方物流企业投诉的相关材料，分析讨论案例问题。

“黑物流”黑在何处

2010 年 8 月 6 日，武汉某家具市场的商户李先生来到友谊大道钢材市场旁一个城乡结合部，欲寻找 A 物流公司领取货款，却发现该物流公司的办公用房人去楼空。

李先生于 2010 年 5 月中旬接到桂林的订购电话，对方订购了 2200 元的家具。5 月 22 日，这批家具搬上了 A 物流公司的货车，该物流公司老板王某当即垫付了 2200 元的货款。4 天后，李先生再次通过 A 物流公司向桂林发了 2200 元的家具。同样，A 物流公司老板当场垫付了全额货款。2009 年 8 月才开张的 A 物流公司，此前信誉一直较好，在拓展新客户的同时与老客户保持着密切的联系。

由于李先生的业务发展，A 物流公司再也没有事先垫付货款，而是提出代收货款。起初，李先生因为货款金额不大，也没太在意，直到 2010 年 7 月底无法联系到该物流公司老板，这才慌了神。据统计，从 6 月 13 日以各种理由拖欠货款开始至 8 月初 A 物流公司消失，共拖欠李先生 2.4 万元货款。

与李先生有一样遭遇的商户，据初步统计有 50 多家，每家商户的欠款也在数千到数万元不等。

A 物流公司的这种做法受到了众多商户的谴责和声讨，成为了不受欢迎的“黑物流”。

1.“黑物流”黑在哪里？

2. 为什么客户的货款难保安全？

3. 客户一般都投诉物流企业哪些方面的问题？

4. 你如何评价物流企业对客户投诉的处理？

5. 你认为应怎样才能让客户不再投诉？

【考核要求】

教师督促同学们阅读案例，小组分析讨论要有针对性。同学们要结合所学习的关于客户投诉处理的相关知识来分析问题。组长做好记录和归纳工作，并选出小组代表作汇报。每位组员的活动报告情况将成为该组员整体实训活动最终成绩的一部分。

实训活动二：情景模拟演练——如何处理客户投诉

【活动目的】

通过角色模拟扮演教学法，让一部分学生扮演客户，另一部分学生扮演第三方物流企业的客户服务人员，其中主要角色是第三方物流企业的客户服务人员。根据给出的情景来模拟演练如何处理客户投诉的过程，让学生在演练过程中体会工作岗位的职责与职业情感。

【活动组织】

将班级同学分成三种角色，第一种是客户，第二种是第三方物流企业的客户服务人员，第三种是没有扮演角色任务的观众同学。每种角色都有自己相应的任务。扮演客户的同学，其主要任务是体验客户对物流企业不满意的原因以及急切希望得到物流企业解决问题的心理；扮演第三方物流企业客户服务人员的同学要体会如何处理好客户的投诉，以及处理客户投诉的过程与礼仪。观众同学要学会欣赏与评价。通过这种方式来体验第三方物流客户投诉处理。

【活动步骤】

1．教师介绍本实训活动的内容、要求及注意事项，介绍实训情景。

位于武汉的A公司从事板鞋的销售工作。A公司在深圳和北京各有一家零售店，希望选择B物流公司来帮其完成整个销售物流服务。A公司于2010年2月1日委托B物流公司将200件库存货品a发往深圳零售店，300件货品b发往北京零售店。按照合同要求，B物流公司应该利用航空运输并在3日内完成发货配送工作。由于B物流公司发货人员的失误，在货物搬运装车时装错了车，而且没有使用航空运输，而是使用了火车。结果A公司零售店在2月7日才收到货物，而且发现发往深圳的200件货品中有100件是货品b；发往北京的300件货品中有100件是货品a。A公司物流经理知道结果后，正打电话给B物流公司客户服务人员进行投诉……

2．角色分配与分工：全班同学可以分成几个小组分别进行模拟演练，并进行横向比较。

3．演练结束后，表演者分享对客户投诉的体会。

4．教师点评各组演练的情况，指出在处理客户投诉过程中需要注意的问题和待改进的地方。

【活动要求】

在进行情景模拟演练过程中，要求学生体会第三方物流企业客户服务人员处理客户投诉的操作流程，特别是分析客户投诉的原因，并完成下面问题：

1．客户投诉的主要内容是什么？

2．客户投诉对于第三方物流企业有什么意义?

3．编写一份客户投诉处理意见。

【考核要求】

有角色扮演任务的同学要作好演练准备，演练时要力求体会到客户的心理感受，并分析作为客户投诉处理人员的角色所需要的知识，演练结束后将感受与全班同学分享，教师进行点评。

实训评价

被考评人			考评地点			
考评内容						
考评指标		考评标准	分值/分	自我评价/分	小组评议/分	实际得分/分
专业知识技能掌握	物流客户投诉的意义	掌握	10			
	处理客户投诉的流程	掌握	10			
	客户投诉的途径	掌握	10			
	课业完成情况	各项实训活动完成表现	20			
通用能力培养	出勤	按时到岗，学习准备就绪	10			
	道德自律	自觉遵守纪律，有责任心和荣誉感	15			
	学习态度	积极主动，不怕困难，勇于探索	10			
	团队分工合作	能融入集体，愿意接受任务并积极完成	15			
合计			100			
考评辅助项目					备注	
本组之星					两项考评辅助项目是为了激发学生的学习积极性	
组间互评						

注：1．实际得分=自我评价 40%+小组评议 60%。

2．考评满分为 100 分，59 分及以下为不及格；60～74 分为及格；75～84 分为良好；85 分及以上为优秀。

3．“本组之星”可以是本次实训活动中突出贡献者，也可以是进步最大者，同样可以是其他某一方面表现突出者。

4．“组间互评”是由评审团讨论后为各组给予的最终评价。评审团由各组组长组成。当各组完成实训活动后，各组组长先组织本组内部进行商议，然后各组组长将意见带至评审团，评价各组整体工作情况，将各组互评分数填入其中。

第八单元　认识第三方物流其他服务 8

第三方物流企业的产品就是服务，是管理服务、物流服务，以支持所有的物流需求。今天的第三方物流企业除提供基本的物流服务外，还在向提供一系列附加的创新服务和独特服务延伸。这些服务可以拓宽第三方物流企业的生存发展空间。本单元将介绍配送中心设计、商品陈列与展示设计及简单的物流系统解决方案等物流延伸服务。

任务一　体验配送中心设计

任务描述

为客户进行配送中心设计可以看成是第三方物流企业为客户提供的物流咨询和物流解决方案业务。体验配送中心设计不仅要考虑其选址问题，还要考虑其内部布局；不仅要与当地的经济、政治环境相吻合，还要考虑配送中心业务对象和业务量等因素。

任务目标

➲ 技能学习目标

1. 了解配送中心的定位。
2. 能够列举配送中心选址要考虑的主要因素。
3. 能够列举配送中心功能区域的名称。

➲ 情感学习目标

1. 能够在体验式学习中遵守纪律，集中注意力，认真倾听和记录。
2. 有表达自己观点的愿望，能提出意见和建议，能与他人合作，共同完成实训活动。
3. 能够产生对配送中心整体设计的好奇心，准备以一个设计方案策划者的身份投入到体验活动中。

情景导入

武汉阳逻经济开发区位于武汉东部重镇——阳逻，西距武汉中心城区 20 公里，是武汉的

“东大门”，在武汉市建设国际性都市进程中承担着东部桥头堡的作用，是武汉市最具有发展潜力的地区之一。

阳逻西邻主城区，南滨长江，其江段江宽水深，良港天成。已经建成并穿越阳逻开发区的武汉环城高速公路与京珠、沪蓉高速公路一线贯通，与106、318国道纵横相连。从阳逻走环城高速公路到武汉天河机场只要20分钟的车程。

阳逻港是武汉市重要的水上门户，拥有长达10多公里的深水岸线，是长江中下游上起宜昌、下抵湖口2000多公里中唯一的天然深水良港。

武汉国际集装箱转运有限公司（以下简称WIT公司）是第一家进入阳逻的中外合资码头公司。WIT公司设有武汉水运口岸第一家公用型保税仓库。

开发区规划面积35平方公里，分为港口物流园区（7平方公里）、工业园区（10平方公里）和综合生活配套区。其发展定位为：华中地区重要物流中心、现代港口工业新城。

开发区将大力发展以集装箱运输为主的港口贸易、仓储配送等物流产业。开发区享受武汉市政府给予武汉经济开发区和东湖高新技术开发区的各项优惠政策，也可享受地方政府给予的优惠照顾。

思考：

1. 在阳逻开发区建立区域物流中心的优势有哪些？
2. 建立物流配送中心要综合考虑哪些方面的因素？

知识储备

一、配送中心的概念与功能

配送中心是根据客户的订单和销售预测进行规模化采购、进货、保管，然后按客户订单所需商品及其数量，在规定的时间准时送达到客户的物流场所。这里的“客户”是广义的，可以是配送中心，也可以是零售店、连锁店、专卖店或超市等，还可以是最终用户。

配送中心集中地向各客户进行多频次的配送业务，众多客户原则上可以不设或少设仓库，不设或少设运输部门，这样可以减少流通设施的投资和日常流通运行费用。由配送中心集中进行规模化的采购、进货、保管，必然会降低商品的采购价，降低运输和保管费用。有的配送中心还进行一定的流通加工业务，以提高商品的附加值。

配送中心与传统的仓库、运输不一样。传统的仓库只重视储存保管，传统的运输只提供商品运输配送。而配送中心重视商品流通的全方位功能，同时具有商品储存保管、流通营销、分拣配送、流通加工及信息提供的功能。

筹建一个配送中心，一方面，要从宏观上考虑配送中心的定位，选择配送中心的地址，预测与分析配送中心选址数据，确定基本规划条件；另一方面，还要从微观上研究配送中心内部环境，包括功能区域布置、物流动线的类型及企业文化的展示等内容。

二、配送中心的定位

配送中心的经营定位一般包括以下几方面的内容。

1. 配送中心功能定位

一般来说，配送中心的功能定位是根据其开展配送服务的内容和相应的配送环节为基础来进行的，根据配送作业的基本环节和作业流程，配送中心一般具有采购、储存、加工、分拣、配货和配送运输多项功能。但不同类型的配送中心的核心功能有所不同，因此在配送中心的建设和规划中，从设施建设到平面布局以及组织管理等方面也会产生差异。

对于储存型配送中心来说，其功能以储存为主，以尽可能降低服务对象的库存为主要目标，应该具有较强的库存调节能力。因此，在建设中应规划较大规模的仓储空间和设施。

流通型配送中心则以快速转动为核心，大批进货，快速分装或组配，并可以及时地分发到各客户指定的地点，所以在建设中应配备适应货物高速流转的设施。

加工型配送中心以对商品进行拆包、分解、整理、再包装等流通加工为主，在规划建设中应适应加工的需要，配备必要的加工设施、场地，引进相应的加工技术。

专业型配送中心主要针对商品特性、体现处理专项商品的技术与特色，因此在建设中必须配置特定商品的处理设施，开发适用特定商品的物流技术。

因此，在进行配送中心系统规划前，应根据市场物流服务的需求不同，科学决策配送中心的类型，做好配送中心建设前的功能定位工作，以便以后配送业务的正常开展。配送中心的功能定位基本上确定了配送中心的业务市场范围。

2. 配送商品定位

一般来说，配送中心能处理的商品种类有一定限制。由于不同的商品配送所需的配送作业场地、设施设备不一样，作业流程也有很大区别，因此不可能建立一个满足所有商品物流需要的配送中心。大多数情况下，配送商品定位主要是根据企业的使命、市场需求来确定。

配送中心配送商品的类型通常在配送中心规划时与配送中心的功能结合在一起考虑。

3. 配送区域定位

配送区域是指配送中心辐射的范围，即以某一点为核心建立配送中心，其配送的距离和区域的大小不仅关系到配送中心的投资规模，也影响到配送中心的运作方式。其辐射类型可以分为辐射型、扇型和双向辐射型三种，如图 8-1～图 8-3 所示。

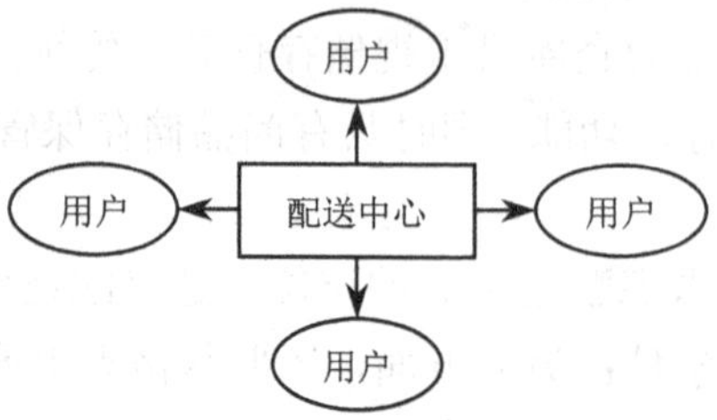

图 8-1　辐射型配送中心

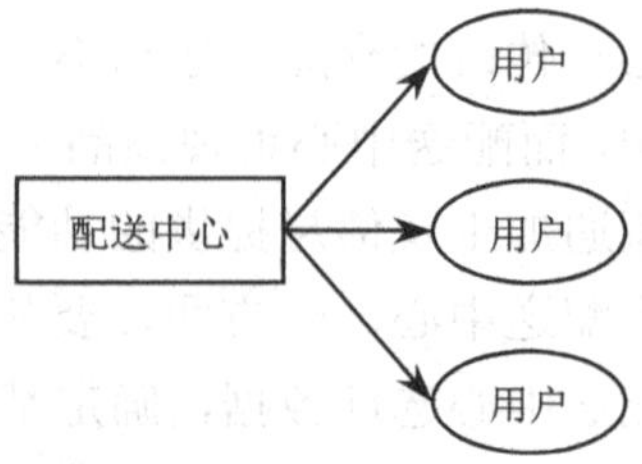

图 8-2　扇型配送中心

图 8-3　双向辐射型配送中心

资料卡

（1）连锁商业体系组建配送中心的方法：根据商圈范围内客户的分布、分店数量与配送中心的适当比例，来确定配送中心的位置、规模与数量。

（2）生产企业的配中心组建方法：首先要根据客户分布的远近、销售量的大小及其运行的成本来综合考虑是自营还是外包；如果是自营配送中心，然后再考虑配送服务区域的大小，以决策配送中心的级别与规模。

三、配送中心的选址

配送中心选址包括两个方面的含义：地理区域的选择和具体地址的选择。即在大区域确定后，再确定具体的建置地点。

资料卡

如果是制造商型的配送中心，应以接近上游生产厂或进口港为宜；如果是以配送日常消费品为主的配送中心，则宜接近居民生活社区。

一般来说，应根据进货与出货产品的类型、特征以及交通运输的复杂度，来选择接近上游点或下游点的选址策略。

为配送中心选址时应考虑的主要因素有：客户分布、供应商分布、交通条件、土地条件、自然条件、人力资源条件、政策条件等，如图 8-4 所示。

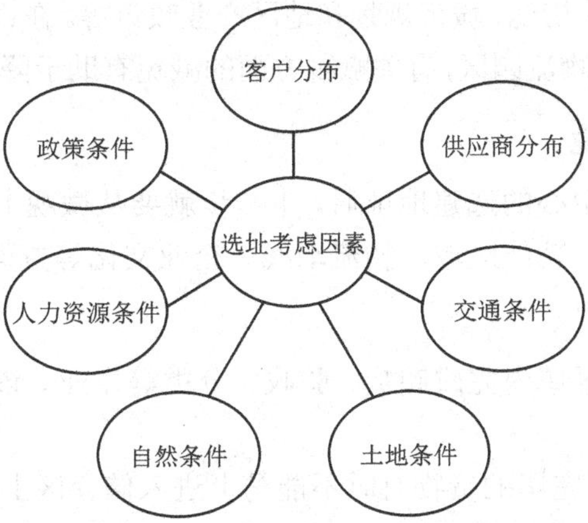

图 8-4　配送中心选址需考虑的因素

1. 客户分布

客户分布是配送中心选址时首要考虑的因素。对于零售商型配送中心，其主要客户是超市和零售店，这些客户大部分分布在人口密集的地方或大城市，为了提高服务水平和降低配送成本，配送中心多建在城市边缘接近客户分布的地区。

2. 供应商分布

配送中心配送的商品全部是由供应商所供应的，如果配送中心越接近供应商，则其商品的安全库存就可以控制在较低的水平。

3. 交通条件

交通条件是影响配送成本及次序的重要因素之一。交通不便将直接影响车辆配送的进行，因此必须考虑对外交通的运输渠道，以及未来交通与邻近地区的发展状况等因素。配送中心地址的选择宜紧临重要的运输渠道。考核交通方便程度的条件有：高速公路、国道、铁路、快速道路、港口、交通限制规定等。一般来说，配送中心应尽量选择在交通方便的高速公路、国道及快速道路附近。如果以铁路及轮船来当运输工具，则要考虑靠近火车编组站、港口等。

4. 土地条件

对于土地的使用，必须符合相关法令规章及城市规划的限制，尽量选在物流园区或经济开发区内。

5. 自然条件

事先了解当地自然环境有助于降低建构配送中心的风险。例如，在自然环境中有湿度、盐分、降雨量、台风、地震等各种自然现象。这些都会影响商品的储存品质。

6. 人力资源条件

由于一般的物流作业仍属于劳力密集的作业形态，在配送中心内部必须要有足够的作业人力。因此，在决定配送中心位置时，必须考虑工人的来源、技术水平、工作习惯和工资水平等因素。

7. 政策条件

政策条件包括企业优待措施、城市规划和地区产业政策等。在许多交通枢纽城市（如深圳、武汉等）都在规划设置现代物流园区，有关赋税方面的减免有助于降低物流经营者的营运成本。

四、配送中心内部环境

从宏观上确定了配送中心的选建地址后，下一步就要从微观上确定配送中心建成后的内部环境。其内部环境包括：功能区域、物流动线、企业文化等方面。

1. 配送中心的功能区域

（1）进货月台：在此区域内完成卸货、验收、分类等作业。该区域通常设置在储存区的外围，且紧靠进货暂存区。

（2）进货暂存区：验收完毕的货物有时不能马上进入储存区上架，可以暂时放在此区域。此外，对于直接准备出库的货物也可暂放此处。由于货物在此停留时间不长，并且始终处于流动状态，所以此区域面积不大。

（3）储存区：又名托盘货架区，在该区域内要进行的作业有整仓、补货、拣货和盘点作业。货物在此区域停留的时间最长，因此，在储存型配送中心中该区域所占的面积最大，约占配送中心总面积的50%以上。

（4）拆零区：该区域是为了满足客户多品种少批量的配送需求而设置的，一般使用轻型货架和流动货架。

（5）流通加工区：在此区域内对货物进行分装、组合包装、贴标签等流通加工作业。

（6）分货区：批量拣出的货物在这个区域内按照车辆别、门店别等不同的需求进行分货。

（7）集货区：将分好的同一门店的不同货物在此区域集中。

（8）出货暂存区：配好的货物最后在此区域集中。

（9）出货月台：在此区域内完成货物装车前的检查，无误后装车发货。

（10）返品处理区：在此区域内对返回的货物进行处理。返品可以是差异货物、退货和调换货等。返品经过处理后，其中的良品会进入储存区，因此此区域不宜离储存区太远。

（11）办公区：处理营运事务指挥管理作业的场所，可以集中在某一区域，也可以根据职能分散设置。

2. 物流动线

在配送中心的平面布置中，动线规划至关重要，它决定了卸货验收区、储存区和发货区等各个区域的设置和安排。所以，物流动线的规划是首先要考虑的问题。配送中心作业区域内物流动线的基本形式有以下四种。

（1）I型（直线型）：进货月台、出货月台分别位于仓库的两边，如图8-5所示。

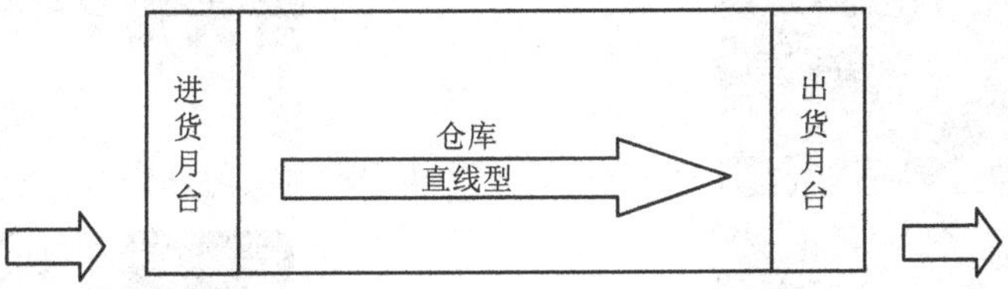

图8-5 I型动线布置

（2）L型：在L型动线规划下，进货月台、出货月台位于仓库相邻的两边，如图8-6所示。

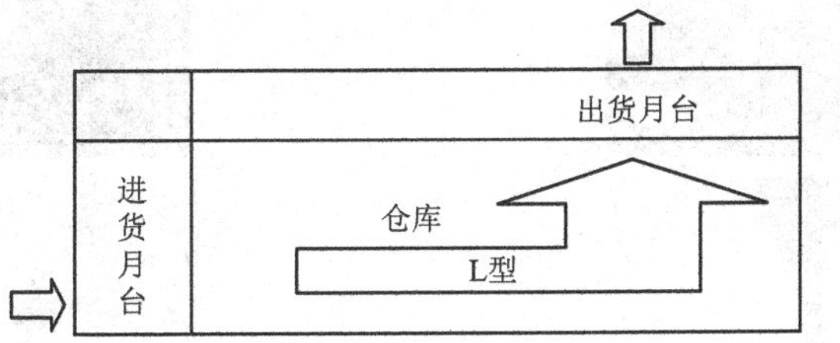

图8-6 L型动线布置

（3）U型：在U型动线规划下，进货月台、出货月台位于仓库同侧，如图8-7所示。

（4）S型（锯齿型）：在S型动线规划下，进货月台、出货月台位于仓库的两边，如图8-8所示。

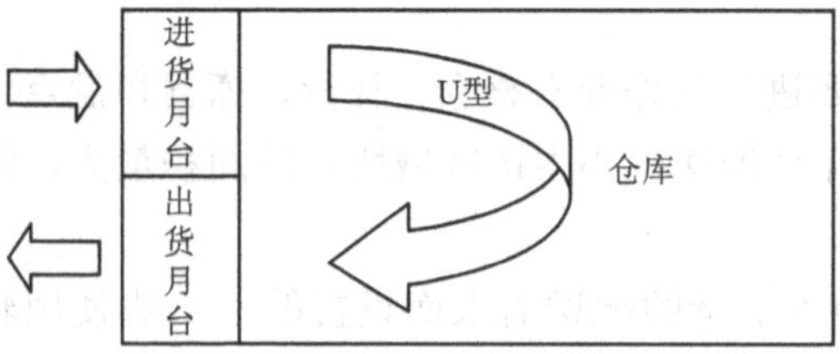

图 8-7　U 型动线布置

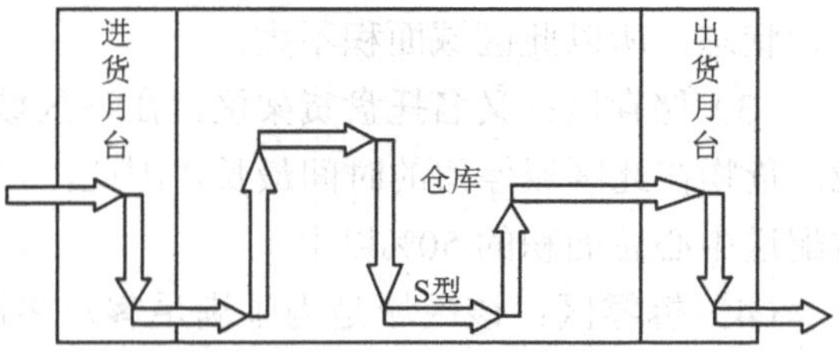

图 8-8　S 型动线布置

以上四种物流动线可能会根据实际情况以混合的方式使用。

3. 企业文化

提到物流作业区域，使人联想到的不应仅仅是那些冰冷的物流设备设施，也不应仅仅是处在不停运动中的货物，还应该联想到企业文化展示的舞台。

企业文化可以通过诸多细节表现出来。从每位作业人员的统一着装到有条不紊的作业流程，再到墙壁四周及梁柱上张贴的企业经营理念、管理制度等，这些人文的元素无不使冰冷的仓库呈现出勃勃生机。在一个简单、通透的仓库空间，即使对一个简单的作业，也需要从最基础的环节着手，也要有相应的作业原则和管理措施。用易读易懂的图片和标语时刻提醒员工作业要领，身着统一制式服装的员工表现出专注的工作态度，这些都给冰冷的仓库环境增添了几分柔情和暖意。图 8-9 所展示的是武汉及东莞某配送中心内部企业文化展示的内容。

图 8-9　配送中心内部企业文化的展示

五、配送中心平面布局实例

图 8-10 所示是武汉市某物流配送中心的库区平面布局图。该配送中心的设计综合考虑了区域定位、商品定位、物流动线及各功能区域等因素的相互关系。

该配送中心占地 5 万平方米，库区面积为 3.5 万平方米，除满足所属企业自身 200 余家超市门店的日常配送外，还可面向社会满足 6 000～8 000 个品种配销业务。配送中心全部实行智能化管理，能够实时按客户、商品、批次分别对商品进行精确的分类、定位。

由于具有两种经营模式，配送中心同时使用了两种不同的物流动线，以便更好地利用库内面积。图 8-10 中的右侧区域是专门服务社会用户的，将进货月台和出货月台设在同一位置；左侧主要是满足集团内各门店的需要，进货月台与出货月台明显地作出了区别。区域间的划分在地面上均有醒目的加粗色彩线条以示区分，在不同的区域内进行相应的仓储作业活动。

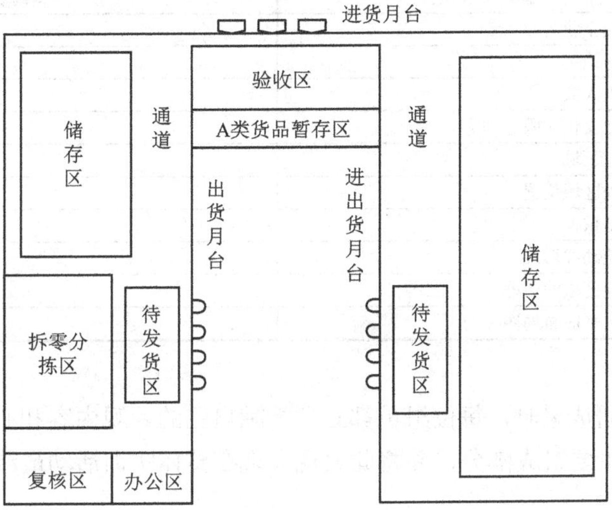

图 8-10　物流配送中心仓库平面布局图

能力培养与训练

实训活动：走访配送中心，体验实景环境

【活动目的】

通过对一家配送中心的参观走访，使学生对配送中心整体环境形成感性认识，了解配送中心所处的区域位置和具体的地址选择。掌握配送中心功能区域的划分，判断其运用到的物流动线形式，了解该企业的企业文化。

【活动组织】

将班级同学分成若干个小组。以小组为单位，组长管理组员的参观准备情况、参观纪律表现，记录参观了解到的内容，完成本活动。

【活动步骤】

1．教师布置本次参观走访的目的，督促学生作好参观准备。

2．教师组织学生到一家配送中心参观走访。

3．以小组为单位记录参观内容，并整理调研成果。

【活动要求】

以小组为单位，实地参观走访一家配送中心，记录该配送中心所处的区域位置、周边交通和居民情况等，感受企业文化（即服务理念）、业务经营领域等内容，并填写表8-1。

表8-1　配送中心参观报告

报　告　人		所 在 组 别		组　　长	
参 观 时 间			报告完成时间		
参观报告主要内容					
序　　号	基本了解项目		具体调研内容		
1	参观企业名称				
2	所在地址				
3	员工人数				
4	企业文化（服务理念）				
5	经营领域				
6	所处区域位置				
7	选址依据				
8	物流动线形式				
9	功能区域的名称				
10	库区平面布局图				

【考核要求】

在形成各组的调研成果时，每位组员都必须贡献自己的参观内容和心得，这将成为每位组员在本活动中表现的主要组成部分，并将此表现体现在整体实训活动最终成绩之中。

实训评价

被 考 评 人			考 评 地 点			
考 评 内 容						
考 评 指 标		考 评 标 准	分值/分	自我评价/分	小组评议/分	实际得分/分
专业知识技能掌握	配送中心选址要考虑的因素	掌握	10			
	配送中心内部环境	掌握	10			
	对配送中心进行区域定位	掌握	10			
	课业完成情况	各项实训活动完成表现	20			
通用能力培养	出勤	按时到岗，学习准备就绪	10			
	道德自律	自觉遵守纪律，有责任心和荣誉感	15			
	学习态度	积极主动，不怕困难，勇于探索	10			
	团队分工合作	能融入集体，愿意接受任务并积极完成	15			

（续）

合　计	100			
考评辅助项目		备　注		
本组之星		两项考评辅助项目是为了激发学生的学习积极性		
组间互评				

注：1．实际得分=自我评价 40%+小组评议 60%。

2．考评满分为 100 分，59 分及以下为不及格；60～74 分为及格；75～84 分为良好；85 分及以上为优秀。

3．“本组之星”可以是本次实训活动中突出贡献者，也可以是进步最大者，同样可以是其他某一方面表现突出者。

4．“组间互评”是由评审团讨论后为各组给予的最终评价。评审团由各组组长组成。当各组完成实训活动后，各组组长先组织本组内部进行商议，然后各组组长将意见带至评审团，评价各组整体工作情况，将各组互评分数填入其中。

任务二　浅识商品陈列与展示设计

任务描述

配送中心的基本功能除了传统的物流中心和配送中心已有的货物储存、运输、包装、装卸、流通加工等功能外，还应该增加商品展示功能和零售功能，以适应电子商务等一些新兴经营方式的需要。

本任务将从商品陈列与展示设计对销售的促进作用入手，讲述商品陈列和展示的有关知识。通过实训活动，使学生初步体验商品展示这一增值服务内容。

任务目标

技能学习目标

1．能够掌握商品陈列设计原则。

2．能够列举并运用商品陈列的工具。

3．能够经济实用地策划商品展示方案。

情感学习目标

1．在实训活动中，充分体会对工作统筹安排的重要性。

2．在实训活动中，深刻体会团队合作的力量，学会化解矛盾的方法和心态。

情景导入

近几年，北京 798 艺术区逐渐成为热门的商品交易区、文化交流区及游客青睐的场所，它的风格借鉴了德国鲁尔工业区的文化风格。园区内有众多小店，以不同的风格吸引着游客的好奇心和欣赏的眼神。图 8-11 就是园区内的一角。

图 8-11　店面外围布局图

思考：

1．你能从图 8-11 中推测出这些小店是销售什么类型的商品吗？

2．商品的陈列和展示对促进销售有什么影响？

知识储备

商品陈列设计主要是通过合理布置商品的位置，利用各种陈列道具将商品完美地呈现给顾客，吸引顾客，从而增加销售机会。现代开放式的终端卖场结构对商品陈列提出了很高的要求，商品陈列必须起到招徕顾客的作用。良好的视觉化商品陈列要求对橱窗和商品陈列拥有一定的技巧，并且含有一定的艺术和人文因素，从而充分表达企业的风格。

一、商品陈列设计原则

1．安全原则

商品陈列中不能有对顾客及导购人员造成伤害的隐患。不能一味强调个性化而走向设计的极端化而对顾客产生不必要的心理负担等。

2．方便原则

商品陈列要方便顾客容易寻找和接触，位置布局合乎大部分人的日常习惯，标志物摆放不得引起混淆等。

3．舒适原则

商品陈列要让顾客感觉舒适。视觉上的舒适要求被陈列物与视线的夹角在 70°～90°之间，并且陈列空间要在视线范围内。

4．价值原则

商品陈列要能较好地传递商品和品牌的价值。即便商品的同质性很强，也要通过有效的陈列设计提升顾客对商品的认知和好感。

二、商品陈列工具

一般来说，壁柜、橱柜、陈列台、展示台、吊架和模特等陈列设备用具是商店主要的商品辅助展示设施。

1. 壁柜

在卖场陈列中，壁柜与中央区域的陈列效果有很大区别，如果好好加以利用，其价值会很大。壁柜的面积大、高度高、系统性强，有助于表现商品的系列化和整体性，如图 8-12 所示。

图 8-12　壁柜

壁柜通常可以分为三种样式，即一段式、二段式和三段式，并且各有特点。

（1）一段式：壁柜不分段，上下为一个整体，可以配以模特或利用其高度展示配套商品。

（2）二段式：将壁柜分为上下两段，上下段可以陈列关联性商品。一般来说，上段作突出展示，下段作商品排列。

（3）三段式：将壁柜分为上、中、下三段。以中段作为中心位置，因为这个位置更方便顾客看得清、拿得到商品。上段主要突出视觉效果，数量较多的主力商品可以在下段陈列。此外，三段式的壁柜在陈列时要考虑三者视线的协调关系，不能互相遮挡，也要注意商品的关联性。

2. 橱柜

常见橱柜的样式高度为 80～120 厘米，宽度为 40～120 厘米，长度为 90～180 厘米。封闭式的橱柜一般用来展示贵重商品，开放式的橱柜则展示一般的叠装。

3. 陈列台、展示台

陈列台一般用来摆放主打商品、特价商品或打折商品，置于卖场的入口或显眼的地方，用来吸引顾客。常用陈列台的类型有箱型陈列台、吊船型陈列台、阶梯型陈列台和花车陈列台。陈列台如图 8-13 所示。

图 8-13　陈列台组图

展示台一般用于较大商品的展示，高度都较低，如展示人台、模特等。展示台的形式很多，比较典型的有直线形、S 形和圆形等。

4. 吊架

吊架分为活动式与固定式两种。活动式吊架也被称为龙门架，它可以根据卖场空间灵活组合应用。而固定式吊架一般会固定在卖场的墙上。

5. 模特

模特适合于用来展示服装类商品，分为以下几种：

（1）仿真模特：酷似真人，所以适合于橱窗展示、店内主体性陈列以及需要营造氛围的展示、陈列。

（2）雕塑模特：形象类似艺术雕塑，有黑、灰等色，比较抽象、冷峻，不像仿真模特那样有生命感，如图 8-14 所示。

（3）抽象仿真模特：只具有人体的三围，甚至只是和一般的衣架结构类似。此种模特比较有趣味，适合表现并突出流行服饰，如图 8-15 所示。

图 8-14　雕塑模特

图 8-15　抽象仿真模特

（4）坯布人台：它是服装加工企业常用的模特类型，本身为木质，外覆一层较厚的布料，颜色为白色或黑色，顶部和底部用木头或不锈钢制成。坯布人台常用于试穿样衣，卖场展示并不多用。

（5）调整式立架：与坯布人台不同的是，调整式立架在衣服的穿着更换上非常容易，而且无论放在哪里都容易融于卖场。

三、商品展示设计

商品展示设计是指商家为了促进销售，有目的地对商品的陈列和视觉传达以及销售和购物环境进行综合的构想、计划与实施，以达到宣传商品、推销商品的目的，满足生产者、推销者和消费者的需求，创造出更科学、更合理、更符合人们物质与精神生活环境的总体设计。商品展示总体布局如图 8-16 所示。

图 8-16　商品展示总体布局

随着社会经济的发展，人们知识水平与生活层次的提升，商品展示设计已成为商业经营的一项策略。商家经过商品展示设计，使得企业形象和产品的附加值得以提高，商业行为更为活跃，这已成为目前激烈的商业销售竞争中的一把“利器”。因此，好的商品展示设计可以有效地提高商业空间的营销力。要做到这一点，可从以下两个方面入手：

（一）静态陈列

一般来说，商业空间的商品展示多以静态为主，顾客购买商品，能否清晰、准确地感知商品形象，获得良好的情绪体验，很大程度上取决于商品的陈列状况。要使商品陈列做到醒目、便利、美观、实用，具体可采用以下几种方法。

1. 开放陈列

开放陈列是指商品的摆放尽可能为顾客观察、触摸及选购提供最大便利，以便减少心理疑虑，坚定购买信心。当然，珠宝首饰等贵重商品除外。

2. 醒目陈列

商品的摆放应力求醒目突出，以便迅速引起顾客的注意。要做到这一点应注意以下几个要点：

（1）合理摆放高度：顾客进店，经常会无意识地环视四周。一般来说，摆放高度应以 1～1.7 米为宜，与顾客的距离约为 2～5 米，并且在视线范围内摆放的宽度应保持在 3.3～8 米之间。在这个范围内摆放商品，可以提高商品的能视度，使顾客清晰地感知商品形象。

资料卡

根据人体工学，无意识的展望高度是 0.7～1.7 米。同视觉轴大约 30°角上的商品最易让人清晰感知，60°角范围内的商品次之。在 1 米内，视觉范围平均宽度为 1.64 米；在 2 米内，视觉范围达 3.3 米；在 5 米内，视觉范围达 8.2 米；在 8 米内，视觉范围扩大到 16.4 米。因此，商品摆放的高度要根据商品大小和顾客的视线、视角来综合考虑。

（2）保持商品量感：所谓量感，是指陈列的商品数量要充足，给顾客以丰满、丰富的印象。量感可以使顾客产生有充分挑选余地的心理感受，进而激发购买欲望。这就要求合理确定库存、架存的关系，并及时补充架存商品。这种方式常在超市内使用，如图 8-17 所示。

图 8-17　展台上丰富的商品

（3）突出商品特点：商品的功能和特点是顾客关注并产生兴趣的因素。将商品独特的性能、质量、款式、造型和包装等特殊性在陈列中突出表现出来，可以有效地刺激顾客的购买欲望。

3. 节令陈列

在季节更换和重大节日来临前，根据消费需求陈列出适应季节及节日需求的商品，并随季节的变化不断调整陈列方式和色调，尽量减少店内外环境的反差。这样不仅可以促进节令商品的销售，而且使顾客产生与自然环境和谐一致、愉悦顺畅的心理感受。

资料卡

把款式新颖的商品摆放在最能吸引顾客视线的位置，把多功能的商品摆放在顾客易于接触观察的位置，都可以起到促进顾客购买的心理效应。

4. 艺术陈列

艺术陈列是指通过商品组合的艺术造型进行陈列。各种商品都有其独特的审美特征，在陈列中应在保持商品独立美感的前提下，通过艺术造型使各种商品巧妙布局，达到整体美的艺术效果。

可采用形象式、艺术字式、单双层式、多层式、均衡式和斜坡式等多种方式进行组合摆放，赋予商品陈列以高雅的艺术品位和强烈的艺术魅力，从而对顾客产生强大的吸引力，如图 8-18 所示。

图 8-18　商品的艺术陈列

5. 连带陈列

许多商品在使用上具有连带性，如牙膏和牙刷。为了引起顾客潜在的购买欲望，方便其购买相关商品，可采用连带陈列方式，把具有连带关系的商品相邻摆放，达到促进销售的目的。

6. 顺序陈列

同一种商品通常会有不同的分类。顺序陈列就是按商品规格的大小、等级优劣、花色繁简、使用对象或品牌产地等顺序进行陈列，给人品种繁多、排列有序、选择空间大的感受，便于顾客选购。

7. 场景陈列

场景陈列是指将商品布置在主题环境或背景中营造某一场景。这在卖点很强的节令展示中体现得尤为明显。例如，圣诞节将松树、圣诞老人、各种小摆件摆放在同一卖场；雨季来临时，以雨伞为主展现一家三口举着美丽的雨伞共同撑起一片天的温馨情景，效果都不错。

以上各种静态陈列法都有各自的特色，在商业展示中往往是综合运用各种方法，只有这样，才能有效地促进商业空间的营销力。

（二）动态展示

动态展示使顾客不但可以触摸商品、操作商品，更重要的是可以与商品互动，更加直接生动地了解商品的功能和特点。由静态陈列到动态展示，能调动顾客的积极参与意识，使商业展示活动更精彩，营销效果更好。

商品展示设计实际上就是处理顾客、商品、道具、空间四要素之间的关系。从这四个要素入手，设计动态展示的具体方法见表 8-2。

表 8-2　设计动态展示的方法

要　素	实 施 方 法
顾客的流动	顾客通道的设计：斜线式、格子式、自由式
商品的流动	把商品陈列在特殊的动态展架上，有规律地运动、旋转；用灯光照明的变换效果
道具的流动	旋转展架、电动模型、机器人服务员、半景画、全景画
空间的流动	销售空间的旋转、广告宣传车

现代商品展示不能拘泥于单一的展示形式，而是应该营造一个完整的人性化空间，包括商品空间、服务空间和顾客空间。要在整个展示空间中调动一切有用因素，在造型、色彩、照明、装饰手法上力求别出心裁，在布置方式上将陈列生活化、人性化、现场化，在参观方式上提倡参与性和互动性，使人把观看商品当做一种高层次的享受。这样才能加深顾客对商品的了解，加深对商品的记忆，增加对商品甚至品牌的好感，进而刺激消费行为，从而达到提高商业空间营销力的目的。

能力培养与训练

实训活动：设计和布置商品展示区

【活动目的】

在展台的设计和布置过程中，充分运用所学的相关专业知识于实践中，充分体会解决问题时统筹规划的重要性；在完成活动的过程中，深刻体会团队合作的必要性。

【活动组织】

将班级同学分成若干项目小组，参与全班的商品展示区设计活动。在实训室内，每个项目小组确定展示区域后，自定展示内容，由组长分配任务至每位组员，共同商讨展示任务的完成方案、计划及活动进行的时间表。活动完成后，各小组参与评比。

【活动步骤】

1．教师介绍本实训活动的内容、要求及注意事项。召集各组组长强调活动实施过程中的工作方法。

2．组长回组，与组员制订本活动的实施方案，提出活动完成要求。

3．组长与组员各司其职，共同协作布置展区内容。

4．全班交流成果。

【活动要求】

1．方案设计是关键。整个活动历时时间会较长，为了提高活动效率，教师给出该实训活动项目实施计划表（见表 8-3），以便学生明白工作内容和步骤。

表 8-3 商品展示项目实施计划表

	总项目	分项目				
		1	2	3	4	5
名称	商品展示	撰写商品展示设计方案	展台的搭建与包装	展示道具的设计与制作	周围环境的布置	展示商品的陈列
次数	4	1	1	1		
形式	对外展示、评比	以小组为单位，采用书面形式	动手操作，分工协作	动手操作，分工协作	动手操作，分工协作	动手操作，分工协作
要求	布局合理、生动，搭配协调，突出特色	写出设计方案，画出平面设计图，确定主题、风格和特色等	新颖、独特、有创意，避免雷同而落入俗套	尽量采用手工制作，与展示的商品协调，不宜喧宾夺主	不能忽视荧光灯、窗户、墙壁及地面的布置，它们可以起到画龙点睛的作用	突出主打商品，要吸引顾客注意，贵重商品要妥善保管
原则	组长负责，组员积极配合，并协助组长按时完成任务。发挥聪明才智，动脑筋、想办法，尽量少花钱、多办事，降低成本，利用身边的各种材料，如能利用废物可适当加分					

各组按照项目实施计划表中列示的分项目，严格细致地制订出展示区设计方案，包括总体规划、展示区主色调和风格等内容，并分别确定各自分项目实施的计划，填写表 8-4。

表 8-4 商品展示设计方案

组长		
项目 / 内容	计划内容	备注
展示主题		以便确定展示区的宣传标语
展示内容		以便确定展示物品
展示区的风格		
展示区的主色调		
展示区平面布局图		
需要的布置材料		

2．过程指导和控制是保障。各组组长要分配项目任务，记载组员每项任务的完成情况和工作态度，记载每次课的出勤及评定成绩，并根据组员每项任务的完成情况填写表 8-5。

表 8-5 商品展示项目实施情况记载表

分项目名称： 组长： 共 次 第 次

姓名	第一次			第二次			第三次			第四次		
	分配任务	完成情况	工作态度	分配任务	完成情况	工作态度	分配任务	完成情况	工作态度	分配任务	完成情况	工作态度

3．和谐关系是保障。实施过程中组员之间难免会出现矛盾，所以要以换位思考和大局为重的思想来化解矛盾，使之变为活动的动力。

4．项目评价汇总。各分项目完成后，组长汇总每位组员的分项目成绩，填写表 8-6。

表 8-6 商品展示项目实施成绩评分表

姓名	项目 1		项目 2		项目 3		项目 4 和项目 5		总 成 绩
	成绩	20%	成绩	20%	成绩	20%	成绩	40%	

【考核要求】

活动方案、任务进度的执行情况及每位组员的活动准备情况等都将作为整个活动考评的重要依据。

教师在活动中要给予必要的协调和帮助。各组展区布置完毕后，可以请全年级的学生和老师前来参观，请他们做大众评委，在众多展区中投上自己喜欢的一票。最后选出一、二、三等奖，并将该成绩作为该组员整体实训活动最终成绩的额外加分部分。

实训评价

被 考 评 人			考 评 地 点			
考 评 内 容						
考 评 指 标		考 评 标 准	分值/分	自我评价/分	小组评议/分	实际得分/分
专业知识技能掌握	商品陈列设计原则	掌握	10			
	商品陈列工具	掌握	10			
	商品展示的注意事项	掌握	10			
	课业完成情况	各项实训活动完成表现	20			
通用能力培养	出勤	按时到岗，学习准备就绪	10			
	道德自律	自觉遵守纪律，有责任心和荣誉感	15			
	学习态度	积极主动，不怕困难，勇于探索	10			
	团队分工合作	能融入集体，愿意接受任务并积极完成	15			
合 计			100			
考评辅助项目				备 注		
本组之星				两项考评辅助项目是为了激发学生的学习积极性		
组间互评						

注：1．实际得分=自我评价 40%+小组评议 60%。

2．考评满分为 100 分，59 分及以下为不及格；60～74 分为及格；75～84 分为良好；85 分及以上为优秀。

3．“本组之星”可以是本次实训活动中突出贡献者，也可以是进步最大者，同样可以是其他某一方面表现突出者。

4．“组间互评”是由评审团讨论后为各组给予的最终评价。评审团由各组组长组成。当各组完成实训活动后，各组组长先组织本组内部进行商议，然后各组组长将意见带至评审团，评价各组整体工作情况，将各组互评分数填入其中。

任务三 尝试物流系统设计

任务描述

物流系统不仅存在于物流企业中，也存在于第三方物流企业客户的业务流程里。本任务将介绍两个方面的内容：一是了解物流系统，特别是物流信息系统的设计与构建；二是物流业务流程设计的一般程序。通过本任务的实训活动，让学生从企业整体环境方面体验企业物流系统的设计过程。

任务目标

技能学习目标

1. 能够陈述物流系统设计的特点。
2. 了解物流信息系统的设计与构建。
3. 了解物流系统方案设计的一般程序。

情感学习目标

1. 通过实训活动，体会作为第三方物流服务提供商肩负的责任。
2. 逐渐培养多方位分析问题的能力，培养周全缜密的思维方式。
3. 在对实际案例进行讨论分析中，加强团队成员之间的合作和交流。

情景导入

美国通用汽车公司 400 多个供应商负责把各自的产品送到 30 个装配工厂组装。由于卡车满载率低，使得库存和配送成本急剧上升。因此，通用汽车公司委托潘斯科物流公司为它提供第三方物流服务。调查半成品的配送路线后，该物流公司建议通用汽车公司在克里夫兰（Cleveland）建立一家有战略意义的配送中心，配送中心负责接收、处理、组配半成品，由该物流公司派员工管理，此外该物流公司设计了一套最优送货路线，提供 60 辆卡车和 72 辆拖车，增加送货频率。通过 EDI 系统，帮助通用汽车公司调度供应商的运输车辆实现 JIT 送货，并使供应商能随时了解行驶中送货车辆的方位。

思考：

1. 潘斯科物流公司是如何使其客户通用汽车公司的库存和配送成本下降的？
2. 是什么因素大大提高了运作效率？

知识储备

一、物流系统及物流系统设计的含义

1. 物流系统

物流系统是一个抽象的概念，它通过对物流各环节和要素的集成化、系统化管理，提高物流能力和物流服务水平，同时有效地控制物流成本。

在经济不断高速发展的环境下，市场对物流的需求逐渐使人们对物流的理解由过去单纯的行为运作转变为高技术含量的管理运作，物流系统也随之呈现出三个维度，如图 8-19 所示。

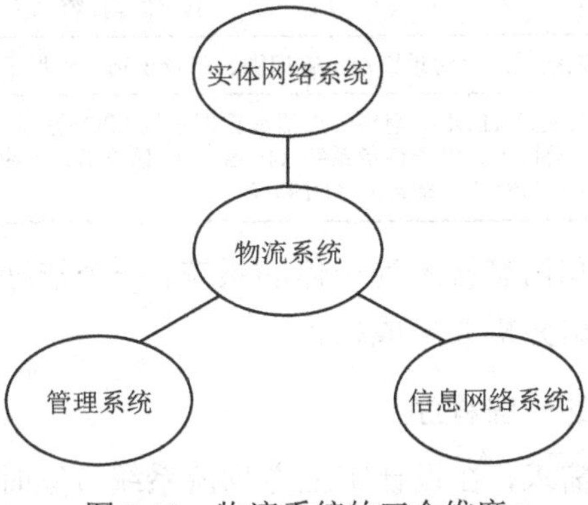

图 8-19　物流系统的三个维度

2. 物流系统设计

物流系统的设计与构建是一项复杂工作，需要根据客户的要求确定承担物流工作所需的各类设施的数量、地点、具体功能与能力，同时系统的结构与能力必须适应物流信息传递和物流作业能力发挥的具体要求，以便通过一体化、标准化、模块化建设实现规模化效益。物流系统设计的直观反映，如图 8-20 所示。

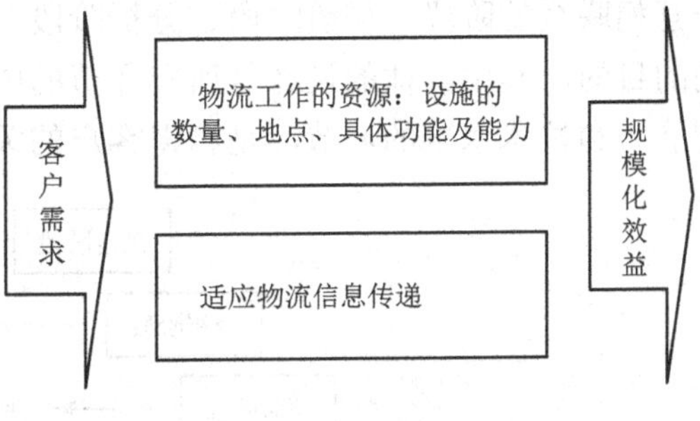

图 8-20　物流系统设计的直观图

二、物流系统设计的特点

（1）追求整体目标最优：在一个系统中，处于各个层次的分系统都具有特定的功能目标，但只有彼此分工协作，才能实现系统整体目标最优。这是物流系统设计最根本的目的。

（2）以特定问题为对象：物流系统中许多问题含有不确定因素，而系统设计就是针对这种不确定的情况，研究解决问题的各种方案及其可能产生的结果。

（3）运用定量分析方法：在许多复杂的情况下，需要有精确可靠的数据资料作为科

学决策的依据。在有些情况下，利用数学模型具有困难时，就要借助于结构模型解析法或计算机模拟来解决问题。

（4）凭借价值判断：由于所提供的资料有许多不确定的变量，而客观环境又会发生各种变化，因此在进行物流系统设计时，还要凭借各种价值观念进行判断和选优。

三、物流信息系统设计与构建

信息化是物流的灵魂，没有物流的信息化，就谈不上物流的现代化。第三方物流实现信息的准确、及时和顺畅沟通的基础是信息技术。物流信息技术的具体内容见表 8-7。

表 8-7　物流信息技术的内容

物流信息技术的分类	具 体 内 容
信息存储与识别技术	条码与识别系统、射频识别、磁识别、声音识别、图形识别、光字符识别和生物识别等技术
信息处理与传递技术	电子数据交换（EDI）、销售时点信息管理系统（POS）、企业资源计划（ERP）、无线通信（WAP）技术、互联网技术、电子订货系统（EOS）、信息技术、供应链管理（SCM）系统、全球卫星定位系统（GPS）和地理信息系统（GIS）等

物流信息系统是集管理和信息技术为一体的系统。一个较好的物流信息系统必须能够进行数据检索、数据处理、数据分析并生成报告。

四、物流系统方案设计的一般程序

不同的企业有着不同的需求，在设计第三方物流系统方案时要考虑多方面的因素，如客户企业自身需求、第三方物流管理的技术等。

第三方物流系统方案的设计一般包括许多具体的工作与环节。具体来说，可以分为下面三个互相联系的阶段：调研阶段、分析阶段、确定阶段，如图 8-21 所示。每一个阶段都有明确的目的，其中具体的设计是所有环节的中心，也是第三方物流系统中最体现管理素质、策划能力和技术水平的环节，是赢得客户的关键所在。

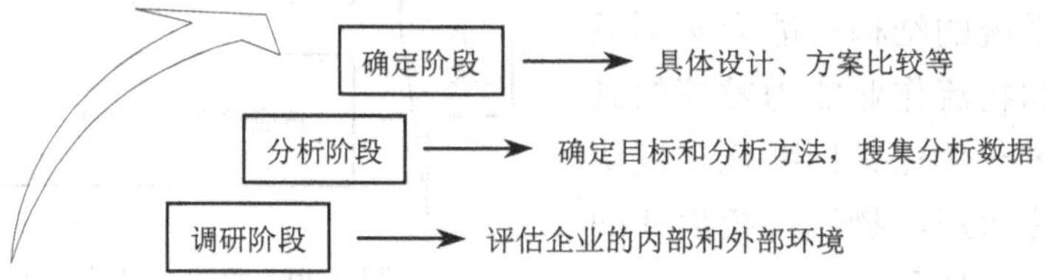

图 8-21　物流系统方案设计程序

能力培养与训练

实训活动：尝试物流业务流程的设计

【活动目的】

运用全局观念，综合考虑物流业务流程中各因素间的相互关系，培养全局观念和缜密的思维习惯。

【活动组织】

将班级同学分成若干小组。全组成员共同学习，各抒己见，完成本实训活动。

【活动步骤】

1．教师介绍本实训活动的内容、要求及注意事项，组织大家阅读分析资料内容。

2．教师召集各组组长强调活动实施过程中的工作方法。

3．组长回组，与组员制订本活动的实施方案，提出活动完成要求。

4．组长与组员共同探讨该企业的物流业务流程设计方案，完成相关讨论内容，并作记录。

5．全班交流成果。

【活动要求】

1．各组分别阅读企业背景资料。

假如你目前就职于某服装连锁超市公司下属的配送中心。该公司拟采用POS、EOS进行商品管理。公司总部主管商品销售的副总经理想让营销专业本科毕业且已工作三年的企业策划部小李负责此项目，但公司总部主管商品采购与配送的副总经理想让毕业不久的你来负责此项目，但想到你才毕业，又不太放心。于是主管商品采购与配送的副总经理想先试试你的物流系统设计与规划能力。某一天，主管商品采购与配送的副总经理找到你，要你从本集团企业物流供应链管理的角度，设计一个合理的基于POS、EOS的以物流与信息流为核心的商品管理（即物流）业务流程。

企业业务基本情况如下：

（1）配送中心配送：商品配送之前，总部的配送中心将服装商品的价签一件一件挂上，再经分拣后按店铺要货单通知门店，然后配送到各个店铺。

（2）配送中心发货：对于需要发货的商品进行捆包，然后送达到店铺。

（3）店铺商品检验：店铺必须对配送中心送来的商品进行验收和确认，而后立即上架陈列。

（4）店铺输入进货信息：验收后的商品，店铺应利用POS终端输入到货信息，并将到货与验收信息反馈给总部计算机中心。

（5）公司进货信息：配送中心应利用EOS输入供应商配送的商品到货信息，并将供应商配送的商品到货信息与每天配送中心商品的库存信息传送到总部计算机中心。

（6）输入销售信息：店铺利用POS终端输入销售信息，同时生成销售单据。

（7）信息分析和整理：从POS终端和EOS系统读取的销售信息和进货信息传送到总部的计算机后，总部计算机中心应对信息进行整理，同时对从配送中心传来的进货信息和从店铺传送来的商品销售信息利用各种分析软件进行分析。

（8）输出管理资料：总部计算机中心应及时将各种管理信息提供给配送中心和店铺，包括进货日报、销售日报等资料。

（9）采购：若配送中心缺货或库存不足，应及时利用计算机网络平台通知采购部门，向供应商订货。

2．先将问题逐步分解细化，填写表 8-8。

表 8-8　物流系统涉及的部门和作业内容

讨论项目	讨论成果
该企业物流业务中涉及哪些部门	
该企业物流业务中有哪些重要的业务内容	

3．绘制该集团企业基于 POS、EOS 系统的以物流与信息流为核心的商品管理（即物流）业务流程图，完成在表 8-9 中。

表 8-9　该集团企业的物流业务流程图成果表

我们的解决方案：

【考核要求】

请每位同学认真思考，在个人独立思考的基础上组内组织热烈讨论。

教师敦促同学们认真阅读案例。小组分析讨论要有针对性，同学们要结合所学的客户投诉处理相关知识来分析问题，组长作好记录和归纳工作，并选出小组代表作汇报。每位组员的活动报告情况将成为该组员整体实训活动最终成绩的一部分。

实训评价

被考评人				考评地点		
考评内容						
考评指标		考评标准	分值/分	自我评价/分	小组评议/分	实际得分/分
专业知识技能掌握	物流系统的概念	掌握	10			
	物流系统设计的特点	掌握	10			
	物流系统方案设计的一般程序	掌握	10			
	课业完成情况	各项实训活动完成表现	20			

（续）

通用能力培养	出勤	按时到岗，学习准备就绪	10			
	道德自律	自觉遵守纪律，有责任心和荣誉感	15			
	学习态度	积极主动，不怕困难，勇于探索	10			
	团队分工合作	能融入集体，愿意接受任务并积极完成	15			
合　计			100			
考评辅助项目					备　注	
本组之星					两项考评辅助项目是为了激发学生的学习积极性	
组间互评						

注：1．实际得分=自我评价 40%+小组评议 60%。

2．考评满分为 100 分，59 分及以下为不及格；60～74 分为及格；75～84 分为良好；85 分及以上为优秀。

3．“本组之星”可以是本次实训活动中突出贡献者，也可以是进步最大者，同样可以是其他某一方面表现突出者。

4．“组间互评”是由评审团讨论后为各组给予的最终评价。评审团由各组组长组成。当各组完成实训活动后，各组组长先组织本组内部进行商议，然后各组组长将意见带至评审团，评价各组整体工作情况，将各组互评分数填入其中。

第九单元　浅析第三方物流企业经营管理

第三方物流企业的经营管理不仅包括为客户完成各种具体业务的过程及为此得到的绩效评价，也包括在企业内部进行的各种财务成本的核算。本单元将从这两个方面浅析第三方物流企业经营管理的主要影响因素。

任务一　聚焦第三方物流企业作业管理

任务描述

第三方物流企业的业务管理主要体现在物流企业各种作业管理中。首先，要明确第三方物流企业作业的内容；再次，要明确第三方物流企业的作业管理目标。根据这一管理目标，从作业管理层面来评价第三方物流企业的经营情况。

本任务的能力培养与训练将以一个案例为中心，通过对企业问题的诊断，体验作业管理对企业经营的影响。

任务目标

➲ 技能学习目标

1．能够列举第三方物流企业作业内容及作业流程。
2．能够列举第三方物流企业作业管理目标。
3．能够运用作业管理目标评价第三方物流企业的作业绩效。

➲ 情感学习目标

1．明确物流企业任何一项作业内容都将反映企业的整体经营效率，培养主人翁责任感。
2．加强与团队成员之间的合作意识。

情景导入

某物流公司总经理正应一个重要客户之约，商谈合作事宜。谈兴正浓，总经理的手机响了，好像是另一个重要客户要查货。

“我查一下，马上给您回电话。”总经理向身边的客户道歉说，“失陪一下。”于是给自己公司的业务经理打了一个电话，要求尽快查询回复。十分钟后，电话铃声响起，业务经理回复："货物五天前已经发出，应该到达了。"总经理询问："货物是否已经送了？"答："不清楚。"总经理要求问清楚后再回电话，态度冰冷而严肃。又过了五分钟，电话铃声再次响起。业务经理说："客户所需货物已经从供应商购入并到达两天，但我仓库由于某种特殊原因而未向客户送货。"

总经理拨通了分公司电话，询问了该货物未送的原因，并严肃地批评了分公司，要求马上安排车辆把货物送达客户。

最后，总经理拨通了客户的电话，诚恳地说："货物已抵达并安排妥当，马上就能把货物送过去。"并再三赔不是，承诺这样的情况再也不会发生了。

等电话处理结束后，与之面谈的客户要起身告辞，总经理连忙问下次约谈的时间，但面谈的客户礼貌地说："再定吧！"

思考：

1．试说明该物流公司的业务内容。

2．试评价该物流公司的作业管理效率。

3．如果你是那位与经理面谈的客户，请说说对这家物流公司的评价。

知识储备

第三方物流企业作业管理是物流企业对物流作业活动的计划、组织、协调和控制，即通过对物流企业的活动要素（如运输、储存、装卸、搬运、包装、流通加工、配送及其他增值和延伸服务内容等）进行管理。

一、第三方物流企业作业内容及作业流程

1．第三方物流企业作业内容

第三方物流企业作业内容（即业务内容）可分为传统的基本作业和增值作业，如图 9-1 所示。

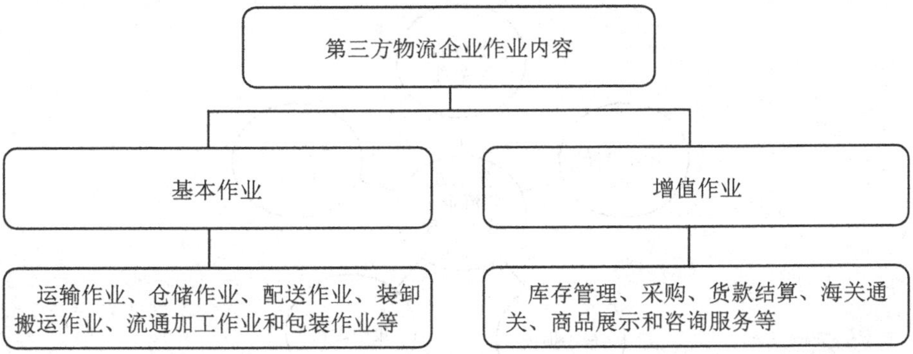

图 9-1　第三方物流企业作业内容

2. 第三方物流企业作业流程

一般来说，综合性物流企业的主要作业流程有：订单处理作业、采购作业、进货入库作业、在库管理作业、补货及拣货作业、流通加工作业、出货处理作业、配送作业、运输作业等。在此，将介绍与客户相联系的作业内容。

（1）订单处理作业：物流中心的交易起始于客户的咨询、业务部门的报表，然后根据订单的接收以及业务部门查询出货品的存货状况、装卸货能力、流通加工负荷、包装能力、配送负荷等来答复客户。当订单无法依客户的要求交货时，业务部门要加以协调。由于物流中心一般均非随货收取货款，而是于一段时间后予以结账，因此在订单资料处理的同时，业务人员可依据公司对该客户的授信状况查核是否已出其授信额度。

（2）采购作业：自交易订单授受之后，由于供应货品的要求，物流中心要从供货厂商或制造厂商订购商品。采购作业的内容包含商品数量需求统计、供货厂商交易条件查询，还包括依据所制定的需求数量及供货厂商所提供的较经济的订购批量，提出采购单。采购单发出之后，则进行入库进货的跟踪运作。

（3）进货入库作业：根据入库进货的跟踪结果，在货物到达物流企业前，物流企业做好入库前的准备工作，安排好入库站台、作业人员。在货物到达后，组织收货人员进行检查验收，登记相关资料，做好入库上架工作。

（4）配送作业：配送商品的实体作业包含将货品装车并实时配送。这些作业要求事先划分配送区域、安排配送路线，由配送路径选用的先后次序来决定商品装车的顺序，并于商品配送途中作商品的追踪及控制、配送途中意外状况的处理。

（5）运输作业：运输是多数物流企业的重要作业，在商品采购入库、出库配送等环节都涉及运输计划、调度、装车、在途跟踪、回单、结算等运输作业。在货运业务中，通过对运输作业的全程组织、控制与管理，保证物流企业高效运作。

二、第三方物流企业作业管理目标

在物流企业众多的作业内容中，企业管理者如何考核企业作业绩效，外部客户如何评价物流企业提供的作业服务水平，这些均要依靠第三方物流企业作业管理目标。

第三方物流企业作业管理目标是物流企业作业管理活动所要达到的效果的具体体现，也是衡量物流企业经营管理效率的重要指标。第三方物流企业作业管理目标如图 9-2 所示。

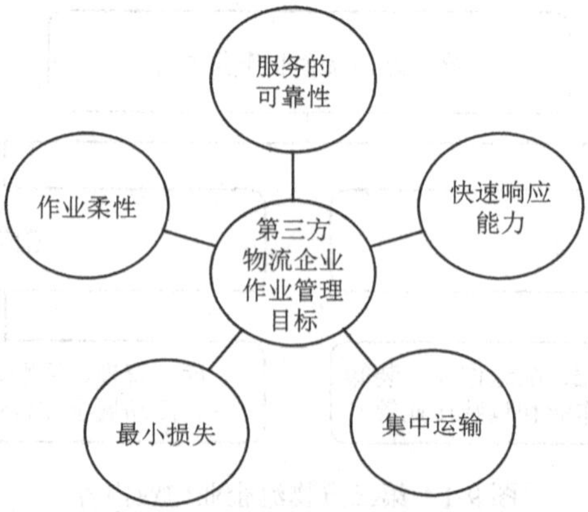

图 9-2　第三方物流企业作业管理目标

（1）服务的可靠性：可靠性是指客户所需的服务或产品能够如数、按时地送达客户。

（2）快速响应能力：这是物流企业目标中最基本的要求。快速响应能力关系到一个企业能否及时满足客户的服务需求、能否与企业建立稳定的供求关系。快速响应能力使企业将物流作业从传统上强调根据预测和存货情况作出计划转向以小批量运输的方式对客户需求作出反应。快速响应要求企业具有畅通的信息沟通渠道和广泛的合作伙伴。

（3）集中运输：集中运输是物流作业中实施运输成本控制的重要手段之一。运输成本与运输产品的种类、运输规模和运输距离直接相关。许多具有一流服务特征的物流系统都采用的是高速度、小批量运输，此种运输通常成本较高。为降低成本，可以将运输整合。一般来说，运输量越大、距离越长，单位运输成本越低。不过，集中运输往往降低了企业物流的响应时间。因此，企业物流作业必须在集中运输与响应时间方面综合权衡。

（4）最小损失：这里的损失是指突发事件带来的损失，如空运作业因为天气原因受到影响，铁路运输作业因为地震等灾害受到影响。传统的应对解决办法是建立安全存货，或是使用高成本的运输方式。这两种方式都会增加物流成本。为了有效地控制物流成本，目前多采用信息技术以实现主动的物流控制，使突发事件的影响在某种程度上可以被减少到最小。

（5）作业柔性：能够根据客户的具体要求，在基本作业内容的基础上提供满足不同客户的个性化业务内容。

能力培养与训练

实训活动：分析并评价物流企业的作业管理效率

【活动目的】

运用相关知识，分析实际工作中遇到的常见问题，评价物流企业的作业管理效率。

【活动组织】

将班级同学分成若干小组，由其中一个小组将案例的主要内容演示出来。组长带领组员思考案例，全组成员共同学习，进行案例分析并组织讨论，完成本活动。

【活动步骤】

1．教师介绍本实训活动的内容、要求及注意事项。召集各组组长强调活动实施过程中的工作方法，指定一个小组阅读案例后向全班同学演示出事件的整个过程。

2．组长回组，与组员制订本活动的实施方案，提出活动完成要求。

3．案例事件的现场回放，一个小组向全班呈现出案例中整个事件的过程。

4．组长与组员共同探讨该物流企业的作业效率，并填写相关的调查问卷。

5．组长收集组员的工作成果，组内进行交流，形成各组的工作成果。

【活动要求】

1．认真阅读以下案例

2010年7月19日，北京A电器公司委托第三方物流企业B公司承运到达广州和东莞的货物，按照合约规定，B公司应该进行行邮方式的发运。B公司工作人员小王将货物卸到行邮基地之后，并未对其是否装载上车厢进行监督。也就是说，小王与行邮人员小铁交接货物后即自行离去，并未跟踪行邮是否将该批货物进行装车发运。

在北京A电器公司跟踪人员次日进行始发跟踪时，承运商B公司的跟踪人员小王反馈货物已经装载上车，可以正常到达。但A电器公司的广州办事处同事小周在7月21日派车前往到货点收货时，发现该票货物根本没有在车上，故致电北京同事查询该票货物具体的所在位置。

经过再次询问B公司有关人员，对方反馈，7月19日当日因为计划紧张等理由没有装载上行邮，故此装载的是7月20日的行邮。而且在A电器公司跟踪的时候，行邮按照计划已经到达武汉附近，A电器公司已经没有任何方法更改此次运输。

有关概念

行邮：行邮是一种运输方式，介于传统公路、铁路和民航三者之间，载重量要求不能超过23吨，容积在150立方米之内。

2．思考并讨论以下问题：

1）B公司提供的作业服务能得到客户的满意吗？

2）你将从哪些方面评价B公司的作业效率？

3．由指定的小组成员分角色再现整个案例的重要内容。

4．B公司为了了解其作业效率，特向客户发出以下调查问卷，见表9-1。请每位组员根据案例内容，站在北京A电器公司客户的角度填写这份调查问卷。

表9-1 B公司作业效率调查问卷

B公司作业效率调查问卷

尊敬的客户：

您好！

非常感谢您在百忙之中参加我们的客户反馈调查。

B公司感谢您多年来的支持！欢迎您提出宝贵意见，您的意见是对我们最好的鞭策。

第一部分：客户基本信息

1．您的公司名称________

2．所属行业（　　）

A．通信业　　B．金融业　　C．机械制造业　　D．医药业

第二部分：作业调查内容

（一）人员情况

1．您对我公司业务跟踪人员服务的满意度为（　　）

A．非常满意　　B．满意　　C．一般　　D．不满意

E．非常不满意

2．您对我公司业务跟踪人员服务不满意的主要方面为（　　）

A．服务用语　　B．服务意识　　C．查询速度　　D．结果反馈

E．准确程度

（续）

（二）运营服务情况

1. 您对我公司目前作业操作水平及质量整体的感觉为（　　）

A. 非常满意　　B. 满意　　C. 一般　　D. 不满意

E. 非常不满意

2. 您对我公司作业操作服务不满意的原因主要为（　　）

A. 运输不及时　　B. 操作不规范　　C. 网络协调弱　　D. 信息反馈慢

E. 应急处理能力差　　F. 改进落实差

3. 您当前最急需我公司予以解决的问题为（　　）

A. 提高运输准点率　　B. 降低丢失事故　　C. 降低破损事故

D. 提高信息反馈及时准确率　　E. 改进服务态度和意识　　F. 增强特殊操作保障

（三）公司情况

1. 您认为我公司当前亟待提升改进的内容为（　　）

A. 提升运营质量　　B. 提升客户服务质量　　C. 增加产品类型

D. 提高员工素质　　E. 降低服务价格　　F. 增强人员稳定性

2. 未来是否愿意继续与我公司保持合作伙伴关系？（　　）

A. 愿意　　B. 考虑　　C. 不愿意

5. 根据对B公司作业效率的反馈结果，请总体评价B公司的作业运营效率，并填写表9-2。

表9-2 B公司作业管理诊断书

<table>
<tr><td>可选项目</td><td>服务可靠性</td><td>快速响应力</td><td>最小损失</td><td>作业柔性</td><td>集中运输</td></tr>
<tr><td>诊断依据</td><td></td><td></td><td></td><td></td><td></td></tr>
<tr><td>诊断结论</td><td colspan="5"></td></tr>
</table>

【考核要求】

有角色扮演任务的同学要作好扮演准备，扮演时要力求真实，并分析自己扮演角色所需要的知识，扮演结束后将感受与全班同学分享，教师进行点评。每位组员认真填写作业效率调查问卷，并在组内交流，最终给出一份简单明了的诊断结论。

实训评价

<table>
<tr><td colspan="2">被 考 评 人</td><td></td><td colspan="2">考 评 地 点</td><td colspan="2"></td></tr>
<tr><td colspan="2">考 评 内 容</td><td colspan="5"></td></tr>
<tr><td colspan="2">考 评 指 标</td><td>考 评 标 准</td><td>分值/分</td><td>自我评价/分</td><td>小组评议/分</td><td>实际得分/分</td></tr>
<tr><td rowspan="3">专业知识技能掌握</td><td>第三方物流企业作业内容</td><td>掌握</td><td>15</td><td></td><td></td><td></td></tr>
<tr><td>第三方物流企业作业管理目标</td><td>掌握</td><td>15</td><td></td><td></td><td></td></tr>
<tr><td>课业完成情况</td><td>各项实训活动完成表现</td><td>20</td><td></td><td></td><td></td></tr>
</table>

（续）

通用能力培养	出勤	按时到岗，学习准备就绪	10			
	道德自律	自觉遵守纪律，有责任心和荣誉感	15			
	学习态度	积极主动，不怕困难，勇于探索	10			
	团队分工合作	能融入集体，愿意接受任务并积极完成	15			
合　计			100			
考评辅助项目					备　注	
本组之星					两项考评辅助项目是为了激发学生的学习积极性	
组间互评						

注：1．实际得分=自我评价 40%+小组评议 60%。
2．考评满分为 100 分，59 分及以下为不及格；60～74 分为及格；75～84 分为良好；85 分及以上为优秀。
3．“本组之星”可以是本次实训活动中突出贡献者，也可以是进步最大者，同样可以是其他某一方面表现突出者。
4．“组间互评”是由评审团讨论后为各组给予的最终评价。评审团由各组组长组成。当各组完成实训活动后，各组组长先组织本组内部进行商议，然后各组组长将意见带至评审团，评价各组整体工作情况，将各组互评分数填入其中。

任务二

初探第三方物流企业成本管理

任务描述

企业经营一段时间后，不仅要在各种物流服务方面评价企业的服务水平，还需要在财务方面衡量其经营成果。成本管理是每一家企业必须面对的问题，成本管理是提高利润的一个重要方面。

本任务的能力培养与训练通过案例分析的方式，让学生初步体验物流企业成本管理对企业经营状况的影响。

任务目标

➲ 技能学习目标

1．能够陈述第三方物流企业成本的构成。
2．了解第三方物流企业成本的控制方法。
3．能够对某一类成本提出相应的降低成本的措施方法。

➲ 情感学习目标

1．培养周全考虑问题的思维习惯。

2. 在对实际案例进行讨论分析中，加强团队成员之间的合作和交流。

情景导入

武汉A物流公司在某大城市对超市进行市内配送时，由于受到车辆进城作业的限制，转而寻求当地的B搬家公司提供配送车辆的支持。但是，B搬家公司开出的配送价格是半日（6小时）或200公里以内为200元/车，大大超过了武汉A物流公司可接受的120元/车的底线。

武汉A物流公司经过仔细调查分析后发现，B搬家公司90%的搬家作业均在上午进行，并在中午左右结束，这就意味着B搬家公司大部分的车辆和人员在下午基本上处于空闲状态，其上午的搬家作业收益已经足够支持公司的成本支出和期望得到的利润。而武汉A物流公司的市内配送业务基本上在下午2点以后进行，该物流公司支付给B搬家公司的费用除去少量的燃油费作为额外成本核算以外，其余的都应该是B搬家公司的额外利润。如果按每天下午一辆车行驶200公里计算，燃油费不应高于50元。从这个角度来看，A物流公司的市内配送业务带给B搬家公司的不仅是新增加的业务和实在的收益，而且对其资源的合理应用也是非常有利的。

最后的结果是，经过武汉A物流公司与B搬家公司在价格和服务方面的仔细测算，双方在90元/车的价格上成交。

思考：

1. 你认为物流企业的业务运营始终要考虑的总体因素是什么？
2. 武汉A物流公司是如何降低不必要的成本支出的？

知识储备

物流成本通常被认为是企业经营中较高的成本之一，继节约原材料是企业的“第一利润源泉”，降低人力成本是企业的“第二利润源泉”之后，降低物流成本被誉为企业的“第三利润源泉”。作为第三方物流企业，成本管理尤为重要，它是在一定时期内计算和考察企业盈亏状况的最重要的一个因素。

一、第三方物流企业成本构成

物流成本是指产品空间位移（包括静止）过程中所耗费的各种资源的总成本，是物品在实物运动（如包装、装卸、运输、储存、流通加工及物流信息处理等）各环节所支出的人力、物力及财力的总和。

第三方物流企业成本包括：伴随着物资的物理性流通活动发生的费用；完成物流信息的传送和处理活动所发生的费用；从事上述活动所需的设备、设施费用及综合管理费用。

第三方物流企业主要作业成本构成如下：

1. 运输成本

运输成本在物流成本中占很大比重。第三方物流运输成本由基础设施成本、运转设备成本、营运成本和作业成本构成。货运量、货物运距、运输工具装载量、运输工具的类型及利用程度、动力装置类型、货物种类、运输时间、运输方向和能耗等在不同程度上对运输成本产生影响。目前，油料价格对运输成本的影响较大，是劳动力成本以外的第二大成本因素。

2. 存货仓储成本

存货仓储成本包括仓储设施成本、仓储服务管理成本、存货风险成本和存货资金成本，如图 9-3 所示。

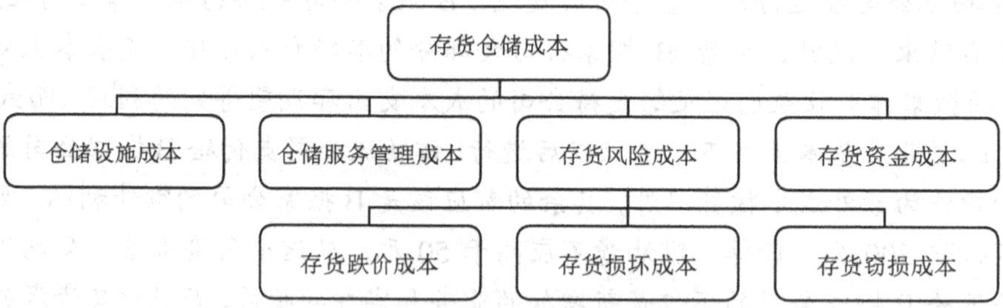

图 9-3　存货仓储成本构成图

（1）仓储设施成本：仓库设施投资建设的成本或租赁费。

（2）仓储服务管理成本：包括为持有存货而支付的税收、保险费、管理人员工资、安全保卫费和维修费等。

（3）存货风险成本：包括存货跌价成本、存货损坏成本和存货窃损成本。

（4）存货资金成本：存货的资金占用成本，也是资金机会成本。

3. 订单处理和信息成本

订单处理和信息成本包括信息系统设施成本和信息传递、收集、处理等业务成本。

二、物流成本管理的原则

物流成本管理是企业财务管理的一项重要内容。物流成本管理应遵循下列原则：

1. 认真执行财务制度

由于物流成本是特殊的成本体系，因此物流管理开支必须按照财务制度的规定，不得随意扩大开支范围和提高开支标准。财务部门要严格审查一切费用开支，正确划分物流费用支出的界限，保证费用开支的真实性和合理性。

2. 尽量节约

在保证物流正常进行和提高物流服务水平的前提下，尽量节约一切不必要的开支，努力降低费用水平。

3. 实现计划管理

正确编制流通费用计划，对企业的费用开支实行计划管理，而且应当坚持按照计划开支，保证完成计划规定的降低物流费用的任务。

三、影响第三方物流企业成本的因素

1. 竞争性因素

企业所处的市场环境充满了竞争，企业之间的竞争除了产品的价格、性能和质量外，还包括客户服务。从某种意义上来讲，优质的客户服务是决定竞争成败的关键。而高效的物流系统是提高客户服务的重要途径。影响客户服务水平的因素主要有以下几个方面：

（1）订货周期：企业高效的物流系统必然可以缩短企业的订货周期，降低客户的库存，从而降低客户的库存成本，提高企业的客户服务水平和企业的竞争力。

（2）库存水平：存货的成本提高可以减少缺货成本，即缺货成本与存货成本成反比。因此，合理的库存应保持在使总成本最小的水平上。

（3）运输：企业采用快捷的运输方式虽然会增加运输成本，但是可以缩短运输时间，降低库存成本，提高企业的快速反应能力。

2. 产品因素

产品的特性不同也会影响物流成本。

（1）产品价值：一般来讲，产品的价值越大，对其所需使用的运输工具要求越高，仓储和库存成本也随着产品价值的增加而增加。高价值意味着存货中的高成本及包装成本的增加。

（2）产品密度：产品密度越大，相同运输单位所装的货物越多，运输成本就越低。同理，仓库中一定空间领域存放的货物越多，库存成本就越低。

（3）易损性：易损产品对物流各环节（如运输、包装和仓储等）都提出了更高的要求。

（4）特殊搬运：有些物品对搬运提出了特殊的要求。例如，对长大物品的搬运需要特殊的装载工具；有些物品在搬运过程中需要加热或制冷等，这些都会增加物流成本。

3. 空间因素

若企业距离目标市场太远，则必然会增加运输及包装等成本；若在目标市场建立或租用仓库，也会增加库存成本。因此，空间因素对物流成本的影响是很大的。

四、第三方物流企业成本控制方法

企业不论规模大小，所拥有的物流资源总是有限的。要使有限的物流资源实现尽可能大的物流效果，第三方物流企业就必须做好物流计划工作。物流计划工作用数量形式反映出来就叫做物流预算。成本费用预算是物流预算中重要的组成部分。

在物流管理活动中，企业必须控制物流计划的执行情况，把实际数据同原定的目标、计划、预算、标准和定额进行对比，找出偏差，从中发现问题或潜力，采取措施加以纠正或修订计划，以提高物流活动的经济效益。

第三方物流企业常用的成本控制方法主要有标准成本控制、作业成本控制、质量成本控制和 ERP 成本控制。

1. 标准成本控制

标准成本控制是以制订的标准成本为基础，将实际发生的成本与标准成本进行对比，提示成本差异形成的原因和责任，采取相应措施，实现对成本的有效控制。其中，标准成本的制订与成本的事前控制相联系，成本差异分析、确定责任归属、采取措施改进工作则与成本的事中和事后控制相联系。

2. 作业成本控制

作业成本控制简称 ABC 法，是以作业为基础计算和控制产品成本的方法。其基本理念是产品消耗作业，作业又消耗资源，生产导致作业发生，作业导致间接成本的发生。

3. 质量成本控制

质量成本是指企业为保持或提高产品或服务质量所支出的一切费用，以及因产品或服务质量未达到规定水平所发生的一切损失。质量成本包括两方面的内容：一是预防和检验成本；二是损失成本。

质量成本控制首先要确定最优质量成本，并以此作为质量成本控制的总目标；其次要建立质量成本管理的组织体系；最后要计算和分析质量成本差异。

资料卡

物流服务与成本的关系

日本新产业大学菊池康也教授把物流服务与成本的关系归纳为四个方面：

1）在物流服务水平不变的前提下考虑降低成本。不改变物流服务水平，通过优化物流系统来降低物流成本，这是一种追求效益的方法。

2）为提高物流服务不惜增加物流成本。这是许多企业在面对特定顾客或其特定商品面临激烈竞争时采取的积极做法。

3）在成本不变的前提下提高物流服务水平。这是一种追求效益的办法，也是一种有效地利用成本性能的办法。

4）用较低的成本来实现较高的物流服务。这是增加销售、增加效益，具有战略意义的办法。

4. ERP 成本控制

企业资源计划（ERP）系统是指建立在信息技术应用基础上，结合系统化的管理思想，为企业决策层及员工提供决策手段的管理平台。ERP 是集企业管理理念、业务流程、基础数据、人力和物力资源、计算机硬件和软件、网络资源于一体的企业资源管理系统。ERP 将企业内部所有资源整合在一起，对采购、生产、成本、库存、分销、运输、财务和人力资源等进行规划，以达到最佳资源组合，取得最佳效益。

五、第三方物流企业成本分析方法

1. 比较分析法

（1）横向比较：把企业的不同部门、不同作业环节的成本费用分别计算出来，然后进行横向比较，看哪部分发生的费用最多，查明原因，改进管理方法，以便降低企业成本。

（2）纵向比较：把物流企业历年的各项费用与当年的费用加以比较，如果增加了，再分析一下为什么增加，在哪个地方增加了，原因是什么。

（3）计划与实际比较：把企业当年实际的成本费用与原来编制的成本费用计划进行比较，如果超支了，分析其原因何在。

2. 排除法

在物流成本管理中有一种方法叫活动标准管理（ABM），它把相关物流活动划分为两类，一类是有附加价值的活动，另一类是无附加价值的活动。在商品流通过程中，如果能采用直达送货的方式，则不必仓储，排除或尽量减少物流中的无增值作业，节约物流费用，提高成本的直接追溯性。

六、降低第三方物流成本的途径

降低第三方物流成本是企业可以挖掘利润的一片新绿地，物流成本的降低成为企业获得利润的重要方面。从长远的角度来看，降低物流成本可以通过以下几个途径加以实现。

1. 物流合理化

物流合理化就是使一切物流活动和物流设施趋于合理，以尽可能低的成本获得尽可能好的物流服务。根据物流成本的效益背反理论，物流各活动的成本往往此消彼长，若不综合考虑，必然会造成物流成本的增大，造成物流费用的极大浪费。

对于一个企业而言，物流合理化就是降低物流成本的关键因素，它直接关系到企业的效益，是物流管理追求的总目标。物流合理化要根据实际的流程来设计、规划，不能单纯地强调某环节的合理、有效、节省成本。

2. 物流质量

只有不断提高物流质量，才能减少并最终清除各种差错事故，降低各种不必要的费用支出，提高物流效率，吸引更多的客户，形成规模化的集约经营，从根本上降低物流成本。物流质量的主要内容有以下几个方面。

（1）商品质量：商品质量是指商品运送过程中对原有质量、数量、形状和性能的保护，尽量避免商品的破损。

（2）物流服务质量：物流服务质量是指物流企业对客户提供服务，使客户满意的程度。例如，第三方物流企业采用 GPS 定位系统，能使客户对货物的运送情况进行随时跟踪。由于信息和物流设施的不断改善，企业对客户的服务质量必然会不断得到提高。

（3）物流工作质量：物流工作质量是指物流服务各环节、各岗位具体的工作质量，可以通过诸如运输工作质量指标、仓库工作质量指标、包装工作质量指标、配送工作质量指标、流通加工工作质量指标及信息工作质量指标等来考查。

（4）物流工程质量：物流工程质量是指把质量体系作为一个系统来考查。具体的物流工程质量指标有：运输工程质量指标、仓库工程质量指标、包装工程质量指标、配送工程质量指标、流通加工工程质量指标及信息工程质量指标等。

3. 物流速度

提高物流速度，可以减少资金占用，缩短物流周期，降低存储费用，从而节省物流成本。它可以通过加快采购物流、生产物流和销售物流的速度，缩短整个物流周期，提高资金的利用率。

七、企业降低物流费用的合理对策

以一般的物流费用类型（如运费、保管费、包装费和装卸费）为例，降低各项费用的对策见表 9-3。

表 9-3　企业降低物流费用的对策

费用类型	降低物流费用的对策
运费	● 商物分离，缩短物流距离 ● 扩大由工厂直接发送货物的力度 ● 减少运输次数 ● 提高车辆的装载效率 ● 设定第一个客户的最低订货量 ● 实施计划运输 ● 推进共同运输 ● 选择最佳运输工具
保管费	● 减少库存量 ● 加强仓库管理，排除无用的库存 ● 重新配置库存时，有效灵活地运作库存量
包装费	● 应用价格低的包装材料 ● 包装简单化 ● 包装作业机械化
装卸费	● 减少装卸次数 ● 导入集装箱和托盘，由机械化来实现省力化

能力培养与训练

实训活动：诊断问题所在，形成应对成本压力的可行性分析报告

【活动目的】

运用相关知识，以实际工作中遇到的问题入手，分析影响物流企业成本的因素。

【活动组织】

将班级同学分成若干小组。全组成员共同学习，各抒己见，进行案例分析，并组织讨论，完成本活动。

【活动步骤】

1．教师介绍本实训活动的内容、要求及注意事项。召集各组组长强调活动实施过程中的工作方法。

2．组长回组，与组员制订本活动的实施方案，提出活动完成要求。

3．组长与组员共同探讨该物流企业的成本解决方案。

4．全班交流成果。

【活动要求】

1．认真阅读以下案例。

南方物流企业集团是一家现代化综合服务型第三方物流企业，是中国物流百强企业，业务

涉及运输、仓储、配送、装卸、加工、物流信息技术、物流策划与咨询、供应链管理服务以及商贸一体化等。经过多年的快速发展，南方物流企业集团构建了一个全国性的物流服务网络，集团下属公司 10 多家，业务面覆盖到全国 170 多个大中城市，建有广州、东莞、无锡、中山、重庆、成都、新疆等八大物流基地，运输车辆 3000 余台，与亚马逊、卡斯特、DHL、松下电器、加拿大北电网络、美国朗讯科技、法国施耐德电气、中国电信、中国联通、华为、欧迪办公、中兴、TCL、海尔、长虹等世界 500 强以及中国领军企业建立了长期战略合作关系。

2008 年 6 月 20 日，我国成品油价格再度上调，各地汽车燃油价格上涨幅度在 15%～20%之间，汽油和柴油每升上涨 0.9 元左右。据公司管理人员介绍，油价上涨导致每台营运货车每天燃油费用平均多出 100 多元，整个企业集团因此每天燃油成本增加 30 多万元。在已与多家企业签订了长期物流服务合同的情况下，企业集团承受着巨大的成本压力。

2．思考并讨论以下问题：

南方物流企业集团应如何应对成本压力？

3．各组根据讨论情况，将可能涉及解决问题的因素填写到图 9-4 中。

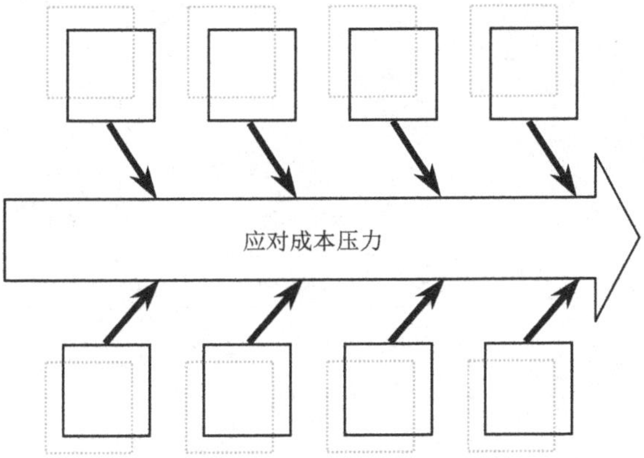

图 9-4　成本问题解决的因素分析图

【考核要求】

“大胆假设，小心求证”是解决问题的指导思想。由于本实训活动没有涉及对解决方法进行求证的内容，所以同学们应本着大胆假设的思想，拓展思维。

实训评价

被考评人			考评地点			
考评内容						
考评指标		考评标准	分值/分	自我评价/分	小组评议/分	实际得分/分
专业知识技能掌握	第三方物流成本构成	列举	15			
	影响第三方物流企业成本的因素	掌握	15			
	课业完成情况	各项实训活动完成表现	20			

（续）

通用能力培养	出勤	按时到岗，学习准备就绪	10			
	道德自律	自觉遵守纪律，有责任心和荣誉感	15			
	学习态度	积极主动，不怕困难，勇于探索	10			
	团队分工合作	能融入集体，愿意接受任务并积极完成	15			
合　计			100			
考评辅助项目					备　注	
本组之星					两项考评辅助项目是为了激发学生的学习积极性	
组间互评						

注：1．实际得分=自我评价 40%+小组评议 60%。

2．考评满分为 100 分，59 分及以下为不及格；60～74 分为及格；75～84 分为良好；85 分及以上为优秀。

3．“本组之星”可以是本次实训活动中突出贡献者，也可以是进步最大者，同样可以是其他某一方面表现突出者。

4．“组间互评”是由评审团讨论后为各组给予的最终评价。评审团由各组组长组成。当各组完成实训活动后，各组组长先组织本组内部进行商议，然后各组组长将意见带至评审团，评价各组整体工作情况，将各组互评分数填入其中。

参 考 文 献

[1] 姜春华．第三方物流[M]．大连：东北财经大学出版社，2008．

[2] 林慧单．第三方物流[M]．上海：上海财经大学出版社，2005．

[3] 赵玲．物流客户服务[M]．重庆：重庆大学出版社，2009．

[4] 田宇．第三方物流项目管理[M]．广州：中山大学出版社，2006．

[5] 陈志红．国际贸易业务流程[M]．上海：华东师范大学出版社，2008．

[6] 陈玉．礼仪规范教程[M]．北京：高等教育出版社，2005．

[7] 郑彬．仓储作业实务[M]．北京：高等教育出版社，2005．

[8] 何华洲．配送作业实务[M]．北京：高等教育出版社，2005．

[9] 吕军伟．物流配送业务管理模板与岗位操作流程[M]．北京：中国经济出版社，2005．

[10] 赵钧铎．第三方物流运作实务[M]．北京：机械工业出版社，2008．

[11] 刘莉．仓储管理实务[M]．北京：中国物资出版社，2006．

[12] 陈百建．物流实验实训教程[M]．北京：化学工业出版社，2006．

[13] 宋杨．第三方物流模式与运作[M]．北京：中国物资出版社，2006．